Angelika Schulz-Parthu (Hg.)

Rheinhessische Tapas

LEINPFAD
VERLAG

Fotos: S. 51: Torsten Zimmermann, Mainz; S. 58: Christian Wagner, Essenheim; Umschlag S. 4: Leinpfad Verlag;
alle anderen Fotos stammen von David Hall, Nidderau
Umschlag: kosa-design, Ingelheim, mit Fotos von David Hall, Nidderau
Layout: Leinpfad Verlag, Ingelheim
Druck: wolf print, Ingelheim

Leinpfad Verlag, Leinpfad 5, 55218 Ingelheim,
Tel. 06132/8369, Fax: 896951
E-Mail: info@leinpfadverlag.de
www.leinpfadverlag.com

ISBN 978-3-942291-40-8

Inhalt

Inhalt

Vorwort

Im Spanischen bedeutet *Tapa* Deckel oder Abdeckung: Als Tapas wurden meist Brotscheiben auf Sherry- oder Weingläser gelegt, um zu verhindern, dass die allgegenwärtigen Fliegen hineinfallen. Beschwert wurde so eine Scheibe Weißbrot mit etwas Schinken, Käse oder mit Oliven. In dieser unkomplizierten Form waren die Tapas lange eine kostenlose Beigabe zum Getränk. Dann aber wurden die Brotscheiben immer aufwendiger belegt, entwickelten sich zu eigenständigen Gerichten und schufen eine eigene Ess- und Ausgehkultur: Wenn es abends kühl geworden ist, trifft man sich mit Freunden und zieht von Bar zu Bar. Im Stehen trinkt man einen Schluck Wein und isst dazu als Kleinigkeit die eine oder andere Tapa, denn man möchte ja noch vier bis fünf weitere Bars besuchen.

Kein Wunder, dass diese Tapa-Kultur, die so leichthändig Genuss und Geselligkeit verbindet, mühelos den Sprung auch in nördlichere Regionen geschafft hat und besonders in Weinbaugegenden begeistert aufgegriffen und abgewandelt wurde.

Der besondere Reiz der Tapas hat mehrere Gründe: In meinen Augen sind dies erstens das Kleine und Verspielte. Es ist zweitens der Witz der Serie, genauer: derjenige der seriellen Präsentation. Weiterhin besteht ihr Charme in der regionalen Abwandlung und dies alles zusammen bedingt einen ganz hohen Genussfaktor!

Das Kleine und Verspielte: Drei Minifrikadellen machen einfach mehr Spaß als eine große Bulette. Hinzu kommt, dass es inzwischen im Handel geradezu puppenstubenhaftes Geschirr gibt, das die Winzigkeit der Häppchen betont: Kleine Tapasteller, quadratisch, länglich, oval, Schieferplatten in verschiedenenen Formen, Suppenterrinen in Miniaturform für all die Salsas, Pestos, Dips und Saucen, und und und!

Der Witz der Serie: Nichts gegen eine normale Portion Spundekäs, die mit Brezelchen auf einem Teller serviert wird! Aber eine Reihe von Porzellanlöffeln mit je einer Spundekäspraline sieht einfach – mal ganz abgesehen vom Nussmantel der Pralinen – witziger aus! Ähnlich ist es mit einem Blutwurstsalat, der in einem Miniweckglas serviert wird. Und wer sich schon einmal an einem Tapas-Büffet bedient hat, weiß, wie unendlich reizvoll der Anblick von reihenweise aufgebauten kleinen Gläsern ist.

Der Charme der regionalen Abwandlung: Wer hätte früher jemals einen Handkäs und eine schwarze Olive zusammengebracht? Oder ein Nori-Algenblatt mit Schwartenmagen? Oder wer hätte Fleischwurst je anders erwärmt als in heißem Wasser, nämlich paniert und gebraten? Jetzt aber ist man begeistert vom Handkäs mediterran, von gebratener Fleischwurst mit Rote-Bete-Salsa

ebenso wie von rheinhessischen Sushi-Varianten, nämlich von algenumwickelten Reisrollen, gefüllt mit Schwartenmagen, mit Handkäs, Blut- oder Leberwurst. Nicht nur weil es schmeckt, sondern auch weil man Kreativität und Innovation bewundert, mit denen klassische südliche oder japanische Gerichte bodenständig variiert werden.

Der ganz hohe Genussfaktor: Denn die Winzigkeit der Portionen ermöglicht es, drei und mehr Tapas zu probieren, ohne gleich satt zu sein. Was den Genuss ebenfalls erhöht: der Wein und die Geselligkeit. Tapas isst man nicht jeden Tag, sondern wenn man Gäste hat oder selbst Gast ist. Und so wie man von den Tapas nur kleine Portionen probiert, könnte man sich dazu auch den Wein in kleinen Gläsern servieren lassen. Deshalb mein Tipp: Zu Tapas nur Piffchen*! Dann kann man auch mit den Weinen ein bisschen experimentieren, denn natürlich schmeckt nicht jeder zu allen Tapas gleich gut.

Wir haben uns darum bemüht, Ihnen den Umgang mit unseren Rezepten möglichst leicht zu machen. Entsprechend der jeweiligen Hauptzutat haben wir sie in sechs Kapitel eingeteilt. Die Verwendung weiterer wichtiger Zutaten lässt sich durch das Register erschließen.

Praktisch: **Viele Tapas lassen sich gut vorbereiten oder sogar einfrieren.** Das haben wir auch jeweils bei den Rezepten vermerkt. Bei uns zu Hause sind zum Beispiel viele Crostini-Aufstriche und die Minifrikadellen im TK-Schrank immer vorrätig.

Danken möchte ich allen Rezepteinreicherinnen und -einreichern, die uns ihre Tapas-Rezepte zur Verfügung gestellt haben: Die Qualität und die Vielfalt der Rezepte haben mich begeistert. Und nicht nur mich: Beim Fototermin und beim Reste-Essen danach im Freundeskreis hätten wir schon jede Menge Bücher verkaufen können ...

Nun bleibt mir nur noch, Ihnen beim Ausprobieren **viel Vergnügen** zu wünschen!
Angelika Schulz-Parthu

* Das ist der rheinhessische Ausdruck für einen Wein im 0,1-Liter-Glas.

Tapas

... mit Käse

Eine perfekte Verbindung von Rheinhessen und dem Süden ist der Handkäs mediterran: Rosmarin und Oregano sowie grüne und schwarze Oliven sorgen beim Meenzer Handkäs für das Mittelmeer-Feeling.

Handkäs mediterran

4 Portionen | gut vorzubereiten

8 Handkäse
1 EL Rosmarinnadeln
½ TL Oregano oder Thymian
8 grüne Oliven, in Scheiben geschnitten
8 schwarze Oliven, in Scheiben geschnitten
¼ rote Paprikaschote, fein gewürfelt
3 Schalotten, fein gewürfelt
120 ml Rapsöl

4 EL Weißwein- oder Rotweinessig
4 EL Weißwein
Salz, Pfeffer
50 g Dörrfleisch, gewürfelt und ausgelassen
Kräuterzweige
Brot
Butter

Die Handkäse in eine flache Form mit Rand legen und mit dem Rosmarin, dem Oregano oder dem Thymian, den Oliven, der Paprikaschote und den Schalotten bestreuen. Rapsöl, Essig und Weißwein mit Salz und Pfeffer zu einer Marinade verrühren und über dem Käse verteilen. Das Ganze mindestens einen Tag durchziehen lassen.
Den mediterranen Handkäs vor dem Servieren mit dem Dörrfleisch bestreuen und mit den Kräuterzweigen garnieren. Als Beilage eignet sich jede Brotsorte mit Butter bestrichen.

Marlene Jacobi-Ewerth, Mainz

Spundekäs einmal anders: Er wird zu Kugeln gerollt und in gehackten Haselnüssen, Walnüssen, Pistazien, Mandeln oder Pinienkernen gewälzt.

Spundekäspralinen mit Laugenstangen-Chips

ca. 5 Portionen | gut vorzubereiten

200 g Frischkäse, Doppelrahmstufe
Salz
Paprikapulver
gehackte Hasel- und Walnüsse, Mandeln, Pistazien oder Pinienkerne
2 große Laugenstangen vom Vortag

Den Frischkäse mit Salz und Paprikapulver cremig (aber nicht matschig!) rühren. Den Spundekäs durch einen Spritzbeutel auf die gehackten Nüsse geben und vorsichtig mit den Händen zu kleinen Kugeln rollen. Alternativ mit zwei Teelöffeln Nocken abstechen, diese auf die Nussmasse geben und dort vorsichtig wenden.
Laugenstangen in 0,5 cm dicke Scheiben schneiden und im Ofen, in der Pfanne oder im Toaster goldbraun rösten. Mit den Käsekugeln servieren.

Katja Mailahn, Fachwerk im Eulengarten, Vendersheim

Sieht traumschön aus und verbindet ungewöhnliche Aromen: Der Spundekäs besteht zur Hälfte aus Ziegenfrischkäse, für das grüne Drumrum werden Garten- und Wildkräuter gemischt.

Spundekäs vom Ziegenfrischkäse im Wildkräuternest

10 Portionen

Ziegen-Spundekäs:
insgesamt 150 g Kräuter wie Kerbel, Dill,
Petersilie, Pimpinelle, Schnittlauch, Borretsch,
Kresse
200 g französischer Ziegenfrischkäse
200 g Frischkäse, Doppelrahmstufe
1 Knoblauchzehe, durchgepresst
1 TL abgeriebene Zitronenschale, unbehandelt
Salz
Pfeffer

Paprika-Kräuter-Salatbett:
3 gelbe Paprikaschoten
3 rote Paprikaschoten
1 rote Peperoni
2 EL Honig
3 EL weißer Balsamessig
4 EL Weißwein
100 ml Gemüsebrühe
3 EL Öl
200 g Wildkräutersalat (Giersch, Brennnessel,
Löwenzahn, Schafgarbe, Vogelmiere u.ä.)

Für den Ziegen-Spundekäs die gewaschenen und trocken geschüttelten Kräuter von den Stielen zupfen. Ein Drittel davon fein hacken und beiseite stellen. Die beiden Frischkäsesorten mit Knoblauch und Zitronenschale verrühren. Vorsicht: Die Masse nicht zu lange rühren, sie darf nicht dünnflüssig oder weich werden, weil sie sich sonst nicht formen lässt! Den Spundekäs salzen, pfeffern und kalt stellen. Paprikaschoten putzen, halbieren und entkernen. Mit der Hautseite nach oben auf ein Backblech legen und unter dem vorgeheizten Backofengrill auf der obersten Schiene 6–8 Minuten grillen, bis die Haut schwarze Blasen wirft. In einen Gefrierbeutel geben, abkühlen lassen und häuten. Peperoni halbieren, entkernen und fein hacken.

Honig in einem Topf aufkochen, mit Balsamessig, Wein und Brühe ablöschen. Peperoni dazugeben, salzen und 4 – 5 Minuten offen einkochen lassen. Paprika in eine Schüssel legen. Öl unter die Honigsauce rühren und noch einmal abschmecken. Die Sauce über die Paprika geben und abkühlen lassen. Nach dem Abkühlen die restlichen Kräuter mit dem Wildkräutersalat zu den Paprika und dem Dressing geben, alles vorsichtig vermischen und dekorativ auf Tellern oder in Schalen anrichten.

Aus der Frischkäsemasse 20 Bällchen formen, in den gehackten Kräutern wälzen und mit dem Paprika-Wildkräutersalat servieren.

Katja Mailahn, Fachwerk im Eulengarten, Vendersheim

 ... mit Käse

Ausgesprochen bodenständiger Tapa: Hier verbinden sich Handkäs und – im Brot! – Silvaner.

Handkäs-Tatar auf Silvanerbrot

16–20 Portionen | gut vorzubereiten

Handkäs-Tatar:
8 kleine reife Handkäs
1 kleine rote Zwiebel, fein gehackt
1 Frühlingszwiebel, fein gehackt
1 Essiggurke, fein gehackt
1 EL Kapern, fein gehackt
1½ TL Dijon-Senf
2,5 EL Schmand
2 EL Gurkenflüssigkeit
½ TL gemahlener Kümmel
Salz, schwarzer Pfeffer
Kümmel

Den Handkäse in ganz kleine Würfel schneiden. Aus der Zwiebel, der Frühlingszwiebel, der Essiggurke, den Kapern, dem Dijon-Senf, dem Schmand, der Gurkenflüssigkeit und dem gemahlenen Kümmel eine Soße rühren, den Handkäs unterheben und mit Salz und Pfeffer abschmecken. Ca. 3 Stunden lang im Kühlschrank ziehen lassen. Frische Silvanerbrotscheiben mit Butter bestreichen, das Handkäs-Tatar darauf verteilen und mit ganzen Kümmelkörnern nach Geschmack bestreuen.

Wolfgang Fenzl, Ober-Olm

Silvanerbrot:
10 g Hefe
10 g Zucker
350 ml Silvaner
150 g Roggenmehl
375 g Weizenmehl
20 g Salz

Hefe mit Zucker in etwas lauwarmem Wein ansetzen. Mehl, Wein und Salz mit dem Hefeansatz ca. 15 Minuten auf niedrigster Stufe in der Rührschüssel kneten. Den Teig eine Stunde ruhen lassen und anschließend kräftig mit den Händen durchkneten. Zwei gleich große Rollen formen und auf einem Backblech an einem warmen Ort nochmals eine Stunde gehen lassen. Die Oberfläche mit einem Messer mehrfach einschneiden und im Backofen bei ca. 200° C (Gas Stufe 3, Umluft 180° C) 45 Minuten backen. Für eine schönere Kruste eine feuerfeste Schale, gefüllt mit Wasser, in den Backofen stellen.

Tipp: Man kann auch eine Backmischung Bauernbrot verwenden: Nach Anleitung zubereiten, dabei das Wasser durch den Silvaner ersetzen.

... mit Käse

Walnüsse sind bei dieser pikanten Tarte sowohl im Teig wie auch zusammen mit Ziegenkäse und Trauben in der Füllung.

Herzhafte Tarte mit Trauben, Walnüssen und Ziegenkäse

12 Portionen | gut vorzubereiten

Für den Teig:
100 g Butter
150 g Mehl
50 g gemahlene Walnüsse
3 EL Wasser, evtl. etwas mehr
1 Prise Salz

Für die Füllung:
150 g gehackte Walnüsse
500 g gewaschene und halbierte Weintrauben
200 g Ziegenfrischkäse
400 g Schmand
6 Eier
Salz, Pfeffer, geriebene Muskatnuss

Die Butter, das Mehl, die gemahlenen Walnüsse, das Wasser und eine Prise Salz zu einem Teig verarbeiten und mit diesem eine gefettete Springform (28 cm Ø) auslegen, dann kalt stellen. Anschließend den Boden mehrmals einstechen und bei 200° C (Gas Stufe 3, Umluft 180° C) 10 Minuten vorbacken. Erst die gehackten Walnüsse, dann die Weintrauben auf dem vorgebackenen Boden verteilen, einige als Garnitur zurückbehalten. Den Ziegenfrischkäse gut mit dem Schmand und den Eiern verrühren, mit Salz, Pfeffer und Muskatnuss pikant abschmecken und anschließend über den Trauben verstreichen. Dann die Tarte bei 200° C (Gas Stufe 3, Umluft 180° C) ca. 45 – 50 Minuten backen.

Marlene Jacobi-Ewerth, Mainz

Karamellisierte Birnenspalten auf Ziegenfrischkäse

5 Portionen

1 kleiner Hefezopf
125 g Butter
2 feste, aromatische Birnen
2 EL Zucker
4 cl Williams Christ Birnengeist
200 g Ziegenfrischkäse
Chiliflocken oder rosa Pfeffer

Den Hefezopf in 10 Scheiben schneiden und diese in einer Pfanne mit 75 g Butter auf beiden Seiten goldbraun rösten. Die Birnen schälen und in Spalten schneiden. Den Zucker in einer heißen Pfanne karamellisieren und die restlichen 50 g Butter hinzufügen, mit dem Birnengeist ablöschen und die Birnenspalten darin mehrmals wenden.
Die gerösteten Hefezopfscheiben mit dem Ziegenfrischkäse bestreichen und die Birnenspalten darauf verteilen, mit ein wenig Chiliflocken oder mit rosa Pfeffer bestreuen und am besten noch warm servieren!

Wolfgang Fenzl, Ober-Olm

Die gebackenen Schafskäsewürfel überraschen durch ihre Panade: Sie werden unter anderem in Oregano und gemahlenen Haselnüssen gewendet.

Gebackene Käsewürfel

40 Würfelchen

800 g milder Schafskäse
2 Eier
schwarzer Pfeffer
2 gestrichene TL Oregano
80 g Semmelbrösel
100 g gemahlene Haselnüsse
Olivenöl
1 Salatgurke
1 Bund Dill

Den Käse in 2 cm dicke Würfel schneiden. Die Eier mit Pfeffer und Oregano verquirlen, Semmelbrösel und Haselnüsse mischen. Die Käsewürfel erst in der Ei-Mischung, dann in der Semmelmischung wälzen, danach in heißem Olivenöl goldgelb frittieren und auf Küchenpapier abtropfen lassen. Die Salatgurke nach dem Waschen in ½ – 1 cm dicke Scheiben schneiden, einen Käsewürfel auf jede Scheibe legen und mit gehacktem Dill garnieren.

Ruth Berges-Fischborn, Weingut Fischborn, Dexheim

Die Armsheimer Muffins mit Schafskäse, getrockneten Tomaten und Rosmarin passen sehr gut zu einem trockenen Rotwein.

Armsheimer Muffins mit getrockneten Tomaten

12 Muffins | gut vorzubereiten

250 g Mehl
3 TL Backpulver
2 EL getrocknete Tomaten (ohne Öl)
100 g Schafskäse (Feta)
2 TL Rosmarinnadeln, fein gehackt
1 Prise Salz
1 Ei
250 ml Buttermilch
2 EL Olivenöl
2 EL Sonnenblumenkerne
Fett für das Muffinblech

Mehl, Backpulver, klein geschnittene Tomaten, zerkrümelten Schafskäse, gehackten Rosmarin und Salz mischen. Ei mit Buttermilch verquirlen, mit dem Öl zur Mehlmischung geben, kurz durchrühren. Die Sonnenblumenkerne in einer Pfanne ohne Fett goldbraun rösten.
Den Teig in die gefetteten Muffin-Mulden füllen, mit den Kernen bestreuen und auf der mittleren Schiene bei 200° C (Gas Stufe 3, Umluft 180° C) ca. 20 Minuten backen; etwas abkühlen lassen und die Muffins aus der Form lösen.

Marion Bingenheimer, Armsheim

 ... mit Käse

Frisch und würzig durch zwei Sorten Käse, Spinat, frische Kräuter und Knoblauch. Gehackte Walnüsse sorgen für den Biss und zusätzlichen Geschmack.

Spinat-Käse-Kugeln

ca. 15 Kugeln | gut vorzubereiten

2 EL Walnüsse, gehackt
100 g weiche Butter
2 EL fertig zubereiteter Spinat
100 g Quark 20%
je ½ Bund Petersilie, Schnittlauch, Dill
50 g geriebener Emmentaler
50 g Frischkäse
Salz, Pfeffer
1 Knoblauchzehe, durchgepresst

Die Walnüsse in einer Pfanne ohne Fett leicht rösten. Die Butter schaumig rühren, gehackten Spinat, Quark, fein gehackte Kräuter, Käse, Frischkäse, Salz, Pfeffer und Knoblauch unterrühren.
Daraus kleine Kugeln formen, in den gehackten Walnüssen wälzen und ca. eine Stunde kalt stellen. Mit Zahnstochern oder Spießen servieren.

Tipp: Die Spinat-Käse-Kugeln halten sich im Kühlschrank ca. 2 – 3 Tage und lassen sich gut einfrieren.

Liesel Schmitt, Weingut Axel Schmitt, Ober-Hilbersheim

Sehr frische und im wahrsten Sinne des Wortes fruchtige Häppchen sind die Aprikosen mit Käsecreme. – Bei den Pfirsichen besteht die Käsecreme zu gleichen Teilen aus Ziegenfrischkäse und normalem Frischkäse.

Aprikosen mit Käsecreme

12–14 Portionen | gut vorzubereiten

1 kg Aprikosen (ersatzweise 1 Dose Aprikosen, 820 g netto) | 200 g Doppelrahmfrischkäse | 125 g geriebener Gouda | 6 EL Milch | Salz, Pfeffer | halbe Walnüsse

Die Aprikosen waschen, abtrocknen und halbieren. Den Frischkäse mit Gouda, Milch, Salz und Pfeffer zu einer geschmeidigen Creme rühren, in die Aprikosenhälften spritzen und mit den halben Walnüssen garnieren.

Marlene Jacobi-Ewerth, Mainz

Pfirsiche mit Käsecreme

ca. 20 Portionen | gut vorzubereiten

1 kg Pfirsiche (ersatzweise 1 Dose Pfirsiche, 860 g netto) | 80 g Doppelrahmfrischkäse | 80 g Ziegenfrischkäse | Salz, schwarzer Pfeffer | 100 ml Schlagsahne

Die Pfirsiche waschen, abtrocknen und in Viertel schneiden. Doppelrahmfrischkäse mit Ziegenfrischkäse, Salz und schwarzem Pfeffer verrühren. Die Sahne steif schlagen und unter die Creme heben. Diese nochmals abschmecken und in einen Spritzbeutel füllen. Die Pfirsichviertel mit der Creme füllen und mit der Pfeffermühle frischen schwarzen Pfeffer darübermahlen.

Anne Hamm, Weingut Hamm, Ingelheim

... mit Käse

Tapas im Weinglas serviert – eine typisch rheinhessische Idee!

Marinierter Camembert

5 Portionen | gut vorzubereiten

ca. 20 Blätter frisches Basilikum
2 kleine Knoblauchzehen
1 EL Basilikumöl oder Rapsöl
250 g Camembert, jung, nicht zu reif
2 EL milder Weißweinessig
weißer Pfeffer, gemahlen
Salz
Zucker
2 TL Senf
3 EL Traubenkernöl
5 runde Pumpernickelscheiben

Zuerst aus 15 frischen Basilikumblättern, den Knoblauchzehen und dem Basilikumöl bzw. dem Rapsöl mit dem Schneidstab oder im Mörser ein Pesto zubereiten. Den Camembert in Würfelchen schneiden. Aus Essig, Gewürzen, Senf und dem Traubenkernöl eine cremige Soße mixen. Das Pesto unterrühren und die Camembertwürfel unterheben. Die Camembert-Pesto-Mischung auf fünf Weingläser verteilen, im Kühlschrank mehrere Stunden durchziehen lassen.
Vor dem Servieren die restlichen Basilikumblätter auf dem marinierten Camembert verteilen und das Glas mit einer runden Scheibe Pumpernickel abdecken.

Annette Feser, Weingut Feser, Ockenheim

... *mit Käse*

Solche Rezepte liebt man: Sieht gut aus, schmeckt gut, geht blitzschnell, (fast) alle Zutaten sind immer vorrätig und passt hervorragend zu Wein und Bier.

Überbackene Brotchips

ca. 20 Portionen

1 Packung Brotchips oder 1 Körnerbaguette
500 g Tomaten
½ – 1 Glas Bärlauchpesto, ca. 200 g
200 g geriebener Emmentaler

Brotchips bzw. Baguettescheiben mit Pesto bestreichen, auf einem mit Backpapier ausgelegten Backblech verteilen. Die Tomaten in dünne Scheiben schneiden, auf das Pesto legen und mit geriebenem Emmentaler bestreuen.
Im Backofen auf der 2. Schiene von oben 6–8 Minuten überbacken.

Theresa und Ilke Erbeldinger, Bastianshauser Hof, Bechtheim

Mit das Raffinierteste, womit man einen Handkäse servieren kann: Die Radieschen-Salsa ist mit Limettenschale und -saft sowie Chili gewürzt. Die Karamellnüsse geben den Biss und eine leichte Süße.

Mousse au Handkäs mit Karamellnüssen und Radieschen-Salsa

8 Portionen | gut vorzubereiten

Käse-Mousse:
3,5 Blatt weiße Gelatine
100 g Handkäse
250 ml Schlagsahne

Karamellnüsse:
2 EL Puderzucker
30 g Walnusskerne
Öl für die Folie

Für die Käse-Mousse die Gelatine in kaltem Wasser einweichen. Käse und 100 ml Sahne unter Rühren in einem Topf erwärmen, bis sich der Käse aufgelöst hat – nicht kochen! Die ausgedrückte Gelatine in der Mischung auflösen und abkühlen lassen. Sobald die Käsecreme anfängt, fest zu werden, die restliche Sahne steif schlagen und unterheben. Käse-Mousse in eine flache Schale oder in 8 kleine, mit Wasser ausgespülte Gefäße à knapp 50 ml geben und im Kühlschrank für 2–3 Stunden (besser über Nacht) kalt stellen.

Für die Karamellnüsse den Zucker in einer Pfanne goldgelb karamellisieren lassen. Pfanne von der Herdplatte nehmen. Die Walnusshälften unterrühren, mit einer Gabel einzeln aus der Pfanne heben und auf ein mit Öl bestrichenes Stück Alufolie legen.

Zum Anrichten die Mousse auf je einen Teller stürzen oder mit 2 Esslöffeln Nocken abstechen (dazu heißes Wasser in einer Schüssel bereit halten und die Löffel zwischendurch säubern) und auf die Radieschen-Salsa setzen. Mit je einer Karamellnuss garnieren.

Das Rezept für die Radieschen-Salsa steht auf Seite 34.

... mit Käse

Für die Radieschen-Salsa:
1 Bund Radieschen mit schönen Blättern
150 g Tomaten
70 g rote Zwiebeln
1 grüne Chilischote
2 TL Limettenschale (unbehandelt), fein abgerieben
3 EL Limettensaft
Salz
Pfeffer
1 Prise Zucker
3 – 4 Stängel Koriandergrün
6 EL Olivenöl

Für die Radieschen-Salsa die Radieschen waschen und putzen. Blätter von 8 Radieschen (18 – 20 g) trocken tupfen und beiseite legen.
Radieschen in ½ cm große Würfel schneiden. Die Tomaten „oben" einritzen, kurz (!) in kochendes Wasser geben, bis die Haut sich löst, mit einem Messer häuten, entkernen und ebenso groß würfeln. Zwiebeln fein würfeln, in einem Sieb mit kochendem Wasser überbrühen (sonst schmecken sie zu stark hervor und gären leicht), abschrecken und gut abtropfen lassen.
Die Chilischote entkernen und fein würfeln. Radieschen, Tomaten, Zwiebeln und Chili mischen. Limettenschale und -saft untermischen und kräftig mit Salz, Pfeffer und einer Prise Zucker würzen.
Die Radieschenblätter und die Blätter vom Koriandergrün mit dem Olivenöl in einem Rührbecher sehr fein pürieren und zur Radieschenmischung geben.

Tipp: Sobald die Radieschen gewürzt sind, sofort servieren. Sie ziehen sonst Wasser. Soll die Salsa vorbereitet werden, nur die Zutaten bereithalten und noch nicht mischen.
Wer keinen Koriander mag, lässt ihn einfach weg und püriert nur die Radieschenblätter.

Katja Mailahn, Fachwerk im Eulengarten, Vendersheim

... mit Käse

Tapas

... mit Fleisch & Wurst

Da wird die gute, altbekannte Fleischwurst mächtig aufgepeppt: Fleischwurstscheiben werden paniert und gebraten. Die Rote Bete-Salsa erhält ihre Schärfe durch Meerrettich.

Gebratene Fleischwurst mit Rote Bete-Salsa

8 kleine Portionen | gut vorzubereiten

Für die Salsa:
250 g Rote Bete, ungekocht
¼ Meerrettichstange
½ Zwiebel
1 Knoblauchzehe
1 EL Honig
60 ml Essig
1 Gewürznelke
2 Pimentkörner
Salz und Pfeffer

Für die gebratene Fleischwurst:
500 g Fleischwurst
2 Eier
Paniermehl
Öl zum Braten

Für die Salsa die Rote Bete und den Meerrettich schälen, auf der Rohkostreibe fein raspeln. Ebenso die Zwiebel fein reiben und den Knoblauch durch die Presse drücken, alles mischen.
Honig und Essig mit den Gewürzen aufkochen. Heiß über die Rote-Bete-Mischung gießen und sofort gut vermengen. Mit Salz und Pfeffer abschmecken, abkühlen lassen und dabei immer wieder wenden und mischen. Die Meerrettichschärfe wird milder, je länger man die Salsa durchziehen lässt.
Fleischwurst in 1,5 cm dicke Scheiben schneiden. Erst im verquirlten Ei, dann im Paniermehl wenden. Die Panade etwas andrücken, dann die Fleischwurstscheiben in die heiße Pfanne geben und von beiden Seiten goldgelb braten.

Tipp: Die Rote Bete-Salsa schmeckt auch wunderbar zu gegrilltem Fleisch oder zu Wurst. Sie hält sich in Schraubgläsern im Kühlschrank einige Tage frisch und kann sogar eingefroren werden.

Katja Mailahn, Fachwerk im Eulengarten, Vendersheim

Kaum wiederzuerkennen: Für diesen Wurstsalat lässt man Blutwurst, Frühlingszwiebeln und frische Kräuter in einer Marinade mit Rotwein und Rotweinessig ziehen.

Blutwurstsalat im Glas

10 Portionen | gut vorzubereiten

3 EL Rotweinessig
6 EL Rotwein
3 EL Rapsöl
1 Prise Zucker
etwas gemahlener Pfeffer
Salz (je nach dem Geschmack der Wurst)
1 Prise Chilipulver
2 EL gehackter Dill, frisch oder tiefgefroren
1 Bund Frühlingszwiebeln, in feine Ringe geschnitten
500 g feste, geräucherte Blutwurst, am besten aus einer Blase
Schnittlauchröllchen
Weizenvollkornbrot

Den Rotweinessig, den Rotwein, das Rapsöl und den Zucker zusammen mit dem Pfeffer, eventuell dem Salz, dem Chilipulver, dem Dill und den Frühlingszwiebeln zu einer Marinade verrühren und über die in gleichmäßige kleine Würfel geschnittene Blutwurst geben. Das Ganze mindestens zwei Stunden durchziehen lassen. In kleine Gläser füllen und mit den Schnittlauchröllchen garnieren. Als Beilage passt ein herzhaftes Weizenvollkornbrot.

Marlene Jacobi-Ewerth, Mainz

An den Brezelsalat gehören Kirschtomaten, Staudensellerie, Salatgurke und viel Petersilie. Die Hackbällchen bekommen ihren Pfiff durch Zitronenschale und gemahlene Mandeln.

Brezelsalat mit Rieslingdressing und pikanten Hackbällchen

4 Portionen | gut vorzubereiten

Für den Brezelsalat:
3 Laugenbrezeln vom Vortag | 3 Frühlingszwiebeln | 200 g Kirsch- oder aromatische Strauchtomaten | 150 g Staudensellerie ½ Bund glatte Petersilie | ½ Salatgurke
Vinaigrette:
70 ml Wasser | 30 ml Rieslingessig 20 ml Himbeeressig | 10 ml Sherryessig 20 g Zucker | 7 g Salz | 5 g scharfer Senf 75 ml Distelöl | 50 ml Olivenöl | 20 ml Walnussöl

Für die pikanten Hackbällchen:
600 g gemischtes Hack | 6 EL gemahlene Mandeln | 2 durchgepresste Knoblauchzehen | 4 Eigelb (Kl. M) | Salz | Pfeffer 1 TL abgeriebene Zitronenschale (unbehandelt) | ca. 70 g Mehl | 150 ml Olivenöl

Brezeln so gleichmäßig wie möglich würfeln und in einer Pfanne ohne Fett mit möglichst wenig Farbbildung anrösten. Geputzte Lauchzwiebeln und Staudensellerie in feine Ringe schneiden. Kleine Strauch- oder Kirschtomaten halbieren. Die Salatgurke schälen und halbieren. Das weiche Innere sowie die Kerne mit einem Löffel sauber herausschaben. Petersilienblätter grob hacken. Alle Zutaten vorsichtig vermischen, damit die Tomaten nicht zerdrückt werden.
Die Essigsorten mit Wasser, Salz, Pfeffer, Senf, Zucker und den drei Ölsorten mit dem Schneidstab verrühren, kräftig abschmecken und kurz vor dem Servieren über den Salat geben – die Brezeln werden sonst weich.

Hackfleisch, Mandeln, Knoblauch, Eigelb, Salz, Pfeffer und Zitronenschale gut verkneten. Mit Teelöffeln walnussgroße Portionen abstechen und mit nassen Händen zu Bällchen formen, in Mehl wälzen.
Das Olivenöl in einer Pfanne erhitzen, die Hackbällchen in mehreren Portionen bei mittlerer Hitze 6 – 8 Minuten darin goldbraun braten. Auf Küchenpapier abtropfen lassen. Die Bällchen auf einen Zahnstocher stecken und zu dem in kleinen Schüsseln oder Gläser angerichteten Salat servieren.

Katja Mailahn, Fachwerk im Eulengarten, Vendersheim

Kreative Abwandlung des italienischen Carpaccios: Statt Rinderfilet gibts hier Schwartenmagenscheiben mit Vinaigrette, Zwiebelchen und gehobeltem Parmesan.

Rheinhessisches Carpaccio

8 Portionen | gut vorzubereiten

600–800 g Hausmacher Schwartenmagen
2 Bund Frühlingszwiebeln
8 EL Weinessig
4 EL Öl
8 EL heißes Wasser
Salz, Pfeffer
4 EL gehobelter Parmesan oder harter Landkäse
Bauernbrot oder „Wingertsknorze" (das sind deftige Laugenstangen aus Roggenmehl)

Den Schwartenmagen mit der Aufschnittmaschine in sehr dünne Scheiben und die gewaschenen Frühlingszwiebeln in feine Ringe schneiden. Den Schwartenmagen großzügig auf Teller verteilen und die Frühlingszwiebeln darüberstreuen.
Aus Essig, Öl, Wasser, Salz und Pfeffer eine Sauce rühren und über die Schwartenmagenscheiben träufeln, alles mit dem gehobelten Parmesan bestreuen und das rheinhessische Carpaccio mit Bauernbrot oder Wingertsknorze servieren.

Katja Mailahn, Fachwerk im Eulengarten, Vendersheim

Ein Hauch Fernost: Die Frikadellchen sind mit Curry, Sesam und etwas Chili gewürzt. Der Apfeldip ist zart süß-sauer, vor allem aber frisch und fruchtig.

Minifrikadellen mit Apfeldip

12 Portionen | gut vorzubereiten

Minifrikadellen:
600 g Hackfleisch (Schweine- und Rindfleisch
oder Schweine- und Kalbfleisch gemischt)
1 kleine rote Chilischote
1 Ei
100 g Magerquark
3 EL Paniermehl
2 TL Curry
2 EL Sesam
Salz und Pfeffer aus der Mühle
2 EL Olivenöl

Apfeldip:
2 säuerliche Äpfel
1 kleine Zwiebel
1 Knoblauchzehe
je 1 rote und grüne Paprikaschote
1 EL Olivenöl
2 EL Mango-Chutney
2 EL Apfelessig
Salz und Pfeffer aus der Mühle

Das Hackfleisch in eine Schüssel geben. Die Chilischote waschen, halbieren, entkernen und in sehr feine Würfel schneiden. Beides mit Ei, Quark, Paniermehl, Curry und Sesam vermischen und mit Salz und Pfeffer kräftig würzen. Das Öl in einer Pfanne erhitzen und bei mittlerer Hitze ca. 30 kleine Frikadellen (nicht zu flach gedrückt) etwa 10 Minuten braten und anschließend warm halten.

Marion Bingenheimer, Armsheim

Für den Dip die Äpfel schälen, klein schneiden und pürieren. Zwiebel und Knoblauch abziehen und fein würfeln. Paprika waschen und halbieren, Kerne und weiße Trennwände entfernen und ebenfalls fein würfeln. Zwiebel, Knoblauch und Paprika in 1 EL heißem Öl unter ständigem Rühren etwa 5 Minuten dünsten und abkühlen lassen. Anschließend mit dem Apfelpüree, dem Chutney und dem Essig verrühren und mit Salz und Pfeffer pikant abschmecken.
Die Frikadellen auf Holzspießchen stecken und zum Dip servieren.

Die Windbeutelchen sind mit einer Creme aus Frischkäse und püriertem Kochschinken gefüllt.

Schinken-Windbeutelchen

ca. 12 Stück | gut vorzubereiten

Brandteig:
1/8 l Wasser
1 Prise Salz
2 EL Butter
80 g Mehl
2 EL Crème fraîche
2 Eier

Füllung:
200 g Doppelrahm Frischkäse
250 g Kochschinken
½ Bund Petersilie, fein gehackt
Salz, schwarzer Pfeffer

Für den Brandteig Wasser, Salz und Butter in einem flachen, breiten Topf aufkochen, Mehl einstreuen und mit einem Kochlöffel zu einem glatten Teig rühren. Alles gut durchschwitzen, den Topf vom Herd nehmen. Die Crème fraîche und die Eier nach und nach in den Teig einrühren. Den Brandteig in einen Spritzbeutel füllen, Häufchen auf ein mit Backpapier ausgelegtes Backblech spritzen und bei 220° C (Gas Stufe 3 – 4, Umluft 200° C) 15 Minuten im Backofen backen.

Für die Füllung Frischkäse, Kochschinken und Petersilie mit dem Schneidstab pürieren, mit Salz und Pfeffer abschmecken, in einen Spritzbeutel füllen und mit einer Sterntülle in die aufgeschnittenen Windbeutelchen füllen.

Tipp: Man kann auch anstelle des Schinkens Räucherlachs nehmen und entsprechend Dill statt Petersilie.

Anne Hamm, Weingut Hamm, Ingelheim

Mit einem Püree aus blauen Kartoffeln ein Hingucker, aber auch mit normalem Püree ein Kracher: Das Schweinelendchen wird mit Limettenschale gewürzt und mit Feldsalatpesto, einer Sherrysoße und Kartoffel-Mandelpüree serviert – und ist nur durch die kleinere Portion vom Hauptgericht zu unterscheiden!

Pochiertes Schweinelendchen mit Feldsalatpesto und Mandelpüree

4 Portionen

1 Limette, unbehandelt
600 g Schweinefilet
Salz
Pfeffer
1 l Gemüsebrühe
Pesto:
150 g gut(!) geputzter Feldsalat
2 EL Walnüsse
20 g geriebener Parmesan
Olivenöl
Keimöl
½ Knoblauchzehe

Limette heiß abwaschen, abtrocknen, 1 TL der Schale abreiben. Das Fleisch trocken tupfen, von Sehnen und Fett befreien und rundum mit Salz, Pfeffer und Limettenschale würzen. Die Brühe aufkochen, Fleisch fest in eine Folie wickeln, zugedeckt bei ca. 70° C 15 Minuten pochieren. Wenn man mit einem Bratenthermometer arbeitet: Für ein rosa pochiertes Filet sollte die Kerntemperatur knapp 60° C betragen.
Den Feldsalat putzen, gründlich waschen und in einer Pfanne mit einem kleinen Schuss Öl ganz kurz anbraten, er fällt sofort zusammen. Mit den Walnüssen, Parmesan und etwas Öl im Mörser zu einer Paste verreiben. Feldsalatpaste mit Oliven- und Keimöl, Knoblauch und 4 EL Brühe pürieren. Limette auspressen und das Pesto mit 1 – 2 TL Limettensaft, Salz und Pfeffer abschmecken.
Fleisch in Scheiben schneiden, auf kleinen Tapastellern mit dem Mandelpüree und der Sherry-Reduktion anrichten. Einen Klecks Pesto darübergeben und servieren.

Das Rezept für das Püree steht auf Seite 50.

Kartoffel-Mandelpüree mit Sherry-Reduktion

Sherry-Reduktion:
80 g Schalotten
80 g Zucker
100 ml Rotweinessig
100 ml Geflügelfond
150 ml trockener Sherry
Salz, Pfeffer

Kartoffel-Mandelpüree:
40 g gemahlene Mandeln
150 ml Milch
500 g mehlig kochende, blaue Kartoffeln
Salz
50 g Butter

Für die Reduktion die Schalotten würfeln und den Zucker in einem Topf hellbraun karamellisieren. Mit Essig ablöschen; Fond, Sherry und Schalotten zugeben. Bei mittlerer Hitze in 35 – 40 Minuten leicht sirupartig einkochen. Durch ein feines Sieb in einen Topf gießen, mit Salz und Pfeffer würzen und beiseite stellen.

Für das Püree die Mandeln in einer Pfanne ohne Fett goldbraun rösten, 1 EL Mandeln beiseite stellen. Milch zu den restlichen Mandeln in die Pfanne geben, kurz aufkochen, vom Herd nehmen, 20 Minuten ziehen lassen. Die Mandelmilch durch ein feines Sieb in einen Topf gießen, dabei die Mandeln mit einer Saucenkelle ausdrücken.

Die blauen Kartoffeln wie Pellkartoffeln mit der Schale kochen: Geschält verlieren sie sonst beim Garen ihre Farbe. Abgießen, gut ausdämpfen lassen und pellen. Mandelmilch mit der Butter kurz aufkochen. Kartoffeln durch eine Presse drücken und mit der Mandelmilch glatt verrühren. Salzen und warm stellen.

Tipps: Die Sherry-Reduktion kann bereits Tage vorher zubereitet werden.
Das Kartoffel-Mandelpüree schmeckt natürlich auch mit normalen Kartoffeln: Sie werden geschält, in grobe Stücke geschnitten, in Salzwasser ca. 20 – 25 Minuten gekocht und dann weiter verarbeitet wie oben beschrieben.

Katja Mailahn, Fachwerk im Eulengarten, Vendersheim

Mediterraner Teller

4 Portionen

16 kirschgroße Mozzarella-Kugeln | 16 Kirschtomaten | je 20 schwarze und grüne Oliven
200 g getrocknete, in Öl eingelegte Tomaten | je 120 g luftgetrockneter Schinken und Salami
2 rote Zwiebeln | frisches Basilikum | Balsamico-Creme

Je zwei Mozzarella-Kugeln und 2 Kirschtomaten abwechselnd mit Basilikumblättern auf kleine Holz-
spieße stecken. Die getrockneten Tomaten auf 4 kleine Schälchen verteilen, ebenso die schwarzen und
grünen Oliven auf 4 weitere. Die Schinken- und Salamischeiben werden auf flachen Tellern großzügig
verteilt und mit Zwiebelringen belegt. Dazu kommen jeweils ein Schälchen mit Oliven und eines mit
Tomaten sowie 2 Tomaten-Mozzarella-Spieße, die mit wenig Balsamico-Creme beträufelt werden.

Tipp: Gut schmeckt es auch, wenn die Salami- und Schinkenscheiben mit einer Essig-Öl-Marinade
beträufelt werden.

Susanne Strub, Weingut Gustav Strub, Nierstein

Sehen toll aus und sind fix gemacht: Blätterteig wird mit Schinkenwürfeln und geriebenem Käse aufgerollt, Sesam gibt den Biss.

Blätterteigschnecken

15 Stück

1 Blätterteigrolle, ca. 42 x 20 cm
1 Ei
Pfeffer, Salz, Paprika edelsüß
100 g geräucherte Schinkenspeckwürfel
75 g geriebener Käse, z.B. Gouda
3 EL Sesamkörner

Den Blätterteig aufrollen, mit 2/3 des verschlagenen Eis bestreichen und mit Salz, Pfeffer und Paprika würzen. Die Schinkenspeckwürfel und den Käse darauf verteilen und die Platte wieder zusammenrollen. In 1,5 – 2 cm dicke Scheiben schneiden und auf ein mit Backpapier (besser Backfolie) ausgelegtes Blech geben. Bei allen Röllchen die Oberfläche mit dem Rest des Eis bepinseln und mit etwas Sesam bestreuen.
Bei 220° C (Gas Stufe 3 – 4, Umluft 200° C) ca. 10 – 12 Minuten backen.

Ruth Berges-Fischborn, Weingut Andreas Fischborn, Dexheim

Schweinebäckchen sind etwas aus der Mode gekommen, zu Unrecht – wie dieses Rezept zeigt, wo sie mit einer Senfsoße aufgetischt werden.

Schweinebäckchen auf Senfsauce

5 Portionen

5 gepökelte und gekochte Schweinebäckchen (beim Metzger vorbestellen)
5 Schalotten
50 g Butter
1 TL Dijonsenf
2 EL Cognac
2 EL Weißwein
150 ml Crème fraîche
Salz und Pfeffer
glatte Petersilie, gehackt

Die Schweinebäckchen in heißem, leicht gesalzenem Wasser erhitzen.
Die Schalotten klein würfeln und in der Butter glasig dünsten. Senf, Cognac und Wein dazurühren, kurz aufkochen. Die Crème fraîche darunter rühren und die Sauce etwas einkochen lassen, mit Salz und Pfeffer abschmecken.
Die Schweinebäckchen in Scheiben schneiden, auf der Sauce anrichten und mit etwas gehackter Petersilie bestreuen.

Wolfgang Fenzl, Ober-Olm

Klassisches spanisches Tapa-Rezept, das überall super schmeckt.

Speck-Pflaumen

4 Portionen

12 getrocknete Pflaumen, entsteint
12 Scheiben hauchdünn geschnittener Schinkenspeck, durchwachsen
2 Knoblauchzehen
2 EL Rapsöl

Die Pflaumen mit dem Schinkenspeck umwickeln. Knoblauch in Scheiben schneiden. Rapsöl erhitzen und den Knoblauch braten bis er hellbraun ist. Danach den Knoblauch aus dem heißen Fett nehmen und die Speck-Pflaumen kräftig von allen Seiten anbraten.
Auf Zahnstocher gespießt lauwarm servieren.

Ines Heckmann, Neuss

Überraschender Genuss: Handkäse und drei verschiedene Wurstsorten bilden die Füllung für die rheinhessischen Sushi-Rollen.

Viererlei Rheinhessen-Sushi

6 – 8 Portionen (je nach gewünschter Dicke der Sushi-Rollen)

Shushi-Rollen:
4 Nori-Blätter
250 g Sushi Reis (japanischer Rundkornreis)
350 ml Wasser
1 TL Salz
2 TL Zucker
60 ml Verjus (Saft aus grünen, unreifen Trauben)
½ Salatgurke
1 große saure Gurke
ca. 75 g Mainzer Handkäse
ca. 75 g Blutwurst (am Stück, möglichst länglich)
ca. 75 g Schwartenmagen
(am Stück, möglichst länglich)
ca. 75 g Leberwurst (am Stück, möglichst länglich)
Sahnemeerrettich

Garnitur:
Sesam
Rotkohl, geraspelt

Sauce:
90 ml Verjus
30 ml Soja-Sauce

außerdem:
1 Bambusmatte zum Formen der Rollen

Den Reis in ein Sieb geben, mehrere Minuten gründlich mit kaltem Wasser waschen und gut abtropfen lassen. In einen Topf geben, 350 ml Wasser, Zucker und Salz hinzugeben und 30 Minuten quellen lassen. Dann den Reis erwärmen und 2 Minuten kochen, anschließend Hitze auf kleinste Stufe stellen und 10 Minuten ziehen lassen. Den Reis ausbreiten (z.B in einer flachen Auflaufform), mit Verjus ansäuern und auskühlen lassen. Währenddessen Handkäse, Blutwurst, Schwartenmagen und Leberwurst in möglichst lange, fingerdicke Stücke schneiden. Salatgurke und saure Gurke in ca. 2 mm breite, feine Scheiben schneiden (oder ganz einfach über den Gemüsehobel ziehen). Ein Nori-Blatt auf die Bambusmatte legen und ein Viertel des abgekühlten Reises dünn darauf ausbreiten. Am oberen Rand einen ca. 2 cm breiten Streifen frei lassen.

... *mit Fleisch & Wurst*

Nun werden die vier verschiedenen Sushi-Variationen wie folgt belegt:

Variante 1: Leberwurst-Stücke und saure Gurke mittig auf den Reis legen, mit etwas Sahnemeerettich bestreichen und mit Hilfe der Bambusmatte fest einwickeln.

Bei den anderen Sushi-Varianten mit folgenden Füllungen ähnlich verfahren:

Variante 2: Handkäs-Stücke und Salatgurke (ohne Sahnemeerettich)

Variante 3: Blutwurst-Stücke, Salatgurke und Sahnemeerettich

Variante 4: Schwartenmagen-Stücke, Salatgurke und Sahnemeerettich

Die fertigen Rollen anschließend mit einem scharfen Messer in ca. 6 bis 8 Stücke schneiden. Die Stücke auf den Tellern anrichten und mit Sesam und geraspeltem Rotkohl verzieren. Verjus und Soja-Sauce vermischen und in kleine Schälchen geben.

Christian Wagner, Weingut Wagner, Essenheim

Tapas

... mit Gemüse & Pilzen

Die ohnehin feine Spargelsuppe wird durch die Kerbel-Morchelcrostini sehr elegant aufgewertet.

Weißes Spargelsüppchen im Glas mit Kerbel-Morchelcrostini

6 Portionen | gut vorzubereiten

Für das Spargelsüppchen:
1 kg weißer Spargel
(für ein Süppchen muss es nicht die 1A-Sorte sein!)
70 g Butter
Zucker
60 g Schalotten
250 ml Schlagsahne
Salz, Pfeffer, Muskat
4 TL Zitronenöl

Für die Crostini:
15–20 g getrocknete Morcheln
1 kleine Schalotte
12 dünne Scheiben Baguette- oder Ciabattabrot
20 g Butter
1 Handvoll Kerbelblätter, grob gezupft
2–3 EL Schmand
Salz, Pfeffer

Den Spargel schälen, die Enden abschneiden. Spargelschalen und -enden in 1,2 l Wasser mit Salz und 1 Prise Zucker aufkochen. 20 Minuten ziehen lassen, dann die Schalen mit einer Schaumkelle heraus-heben. Die Spargelköpfe abschneiden, die Stangen zerkleinern, Schalotten fein würfeln. Spargel (nicht die Köpfe!) und Schalotten in der Butter in einem Topf anschwitzen. Mit Spargelwasser auffüllen, Sahne zugießen und mit Salz, Pfeffer und Muskat würzen. Offen ca. 20 Minuten kochen lassen. Die Suppe mit einem Pürierstab sehr gut durchmixen und warm halten.
Für die Crostini die Morcheln in 150 ml lauwarmem Wasser einweichen. Schalotte fein würfeln. Ba-guettescheiben unter dem Backofengrill von beiden Seiten knusprig rösten. Morcheln gut ausdrücken, dabei das Einweichwasser auffangen. Morcheln gründlich waschen, wieder ausdrücken und fein hacken. Morcheln und Schalotten in der Butter andünsten. Morchelwasser durch ein feines Sieb zugießen und alles offen einkochen lassen, bis nur noch wenig Sud übrig ist. Kerbelblättchen mit 2–3 EL Schmand zur Morchelmasse geben; salzen, pfeffern und auf die Baguettescheiben verteilen.
Spargelköpfe in die Suppe geben und einmal aufkochen, 5 Minuten ziehen lassen. Zum Portionieren die Suppe in ein Bechergefäß umfüllen, in vorgewärmte kleine Weckgläser gießen, jeweils einen Schuss Zitro-nenöl dazugeben, den Deckel aufsetzen, ein Crostino darauflegen und sofort servieren.

Katja Mailahn, Fachwerk im Eulengarten, Vendersheim

... mit Gemüse und Pilzen

Eine gehaltvolle, vollwertige Pizza, die – in kleine Quadrate oder Dreiecke geschnitten – zu köstlichen Tapas wird.

Spinat-Champignon-Pizza

ca. 20 Portionen

Teig:
500 g Weizen (oder Vollkorn-Weizenmehl)
20 g Hefe
300 ml lauwarmes Wasser
1 TL Honig
1 TL Salz
20 ml Olivenöl

Belag:
3 EL Tomatenmark
1 TL Salz
2 gehackte Knoblauchzehen
20 ml Olivenöl
1 Prise Chilipulver
je 1 EL Thymian, Majoran und Rosmarin, gerebelt
200 ml Schmand
Salz, Pfeffer
1 Prise Schabzigerklee
6 Fleischtomaten, in Scheiben geschnitten
300 g Champignons, in Scheiben geschnitten
1 EL Kapern
500 g gekochter und gehackter Spinat
100 g Bergkäse, gerieben
200 g Schafsfeta
Olivenöl

Für die Pizza den Weizen fein mahlen, die Hefe in etwas lauwarmem Wasser auflösen und zusammen mit den anderen Teigzutaten einen lockeren Hefeteig zubereiten, ihn gut und lange kneten und dann gehen lassen, bis sich die Menge verdoppelt hat.

Für den Belag Tomatenmark, Salz, Knoblauchzehen, Olivenöl, Chilipulver, Thymian, Majoran und Rosmarin miteinander verrühren. Den Schmand mit Salz, Pfeffer und Schabzigerklee würzen.

Den Teig auf einem gefetteten Backblech ausrollen. Zuerst die Tomatenmarkmischung daraufstreichen, dann den Schmand drübergeben. Darauf die Tomaten, Pilze, Kapern und den Spinat verteilen, mit Pfeffer und Salz würzen, den geriebenen Bergkäse darüberstreuen, den Feta darauf verteilen und mit etwas Olivenöl beträufeln. Pizza noch einmal kurz gehen lassen und im Backofen bei 200° C (Gas Stufe 3, Umluft 180° C) ca. 20 Minuten lang hellbraun backen. In kleine Dreiecke oder Quadrate schneiden und noch heiß servieren.

Liesel Schmitt, Weingut Axel Schmitt, Ober-Hilbersheim

Grüner Spargel (bzw. außerhalb der Spargelzeit: Zucchini) werden in Tempurateig frittiert und mit einer selbstgemachten Sauerampfer-Mayonnaise serviert.

Frittierte Spargelstangen mit Sauerampfer-Mayonnaise

4 Portionen

Spargel:
1 Ei
150 ml kohlensäurehaltiges Mineralwasser (sehr kalt)
1 EL Weißwein
100 g Tempuramehl (aus dem Asiamarkt)
1 TL scharfes Paprikapulver
Salz
800 g grüner Spargel
Öl zum Frittieren

Ei, Mineralwasser, Weißwein, Mehl, Paprika und eine gute Prise Salz zu einem glatten Teig verrühren und 20 Minuten kalt stellen. Die Spargelenden abschneiden, den Spargel im unteren Drittel schälen und halbieren.
Das Öl auf 170° C erhitzen (an einem hölzernen Kochlöffelstiel sollten kleine Blasen aufsteigen). Spargel portionsweise durch den Teig ziehen und im heißen Öl in 3 – 4 Minuten knusprig ausbacken. Auf Küchenpapier abtropfen lassen und sofort mit der Mayonnaise servieren.

Tipp: Statt Spargel kann man auch Zucchini nehmen: Sie werden in fingerdicke Stifte geschnitten.

Katja Mailahn, Fachwerk im Eulengarten, Vendersheim

Sauerampfer-Mayonnaise:
16 Portionen
1 Bund Sauerampfer (oder Basilikum, Bärlauch, Estragon, Kerbel)
2 Eigelb
2 EL Zitronensaft
Salz, Pfeffer
1 EL Senf
200 ml Öl
50 g Crème fraîche
50 g Vollmilchjoghurt
Zucker

Die Kräuterblätter von den Stielen zupfen und fein hacken. Das Eigelb mit Zitronensaft, Salz, Pfeffer und Senf mit dem Pürierstab pürieren, dabei nach und nach das Öl in dünnem Strahl zugießen, bis eine feste Mayonnaise entsteht. Crème fraîche, Joghurt und Kräuter zugeben, nochmals pürieren, mit Salz, Pfeffer und 1 Prise Zucker würzen.
Die restliche Mayonnaise hält sich im Kühlschrank maximal 2 Tage.

Tipp: Eier und Öl sollten dieselbe Temperatur haben, sonst gerinnt die Mayonnaise.

Geriebene Kartoffeln werden zusammen mit Fenchel und Lauch zu kleinen Gemüsepuffern gebacken und kommen mit einem Sauerrahm-Dip auf den Tisch.

Fenchel-Lauch-Puffer mit Sauerrahm-Dip

ca. 8 Portionen

Puffer:
6 mittelgroße Kartoffeln, ca. 500 g
1 Stange Lauch, ca. 200 g
1 Knolle Fenchel, ca. 200 g
1 Knoblauchzehe
2 kleine Eier
1 TL Salz
1 Prise Pfeffer
1 Prise Muskat
Öl zum Braten

Für den Dip:
150 ml saure Sahne
1 EL Zitronensaft
Salz, Pfeffer
1 EL Schnittlauchröllchen

Kartoffeln schälen, waschen und reiben; den Lauch putzen und klein schneiden; beim Fenchel den Strunk entfernen und ebenfalls klein schneiden. Knoblauch schälen und sehr klein schneiden. Anschließend Lauch, Fenchel und Knoblauch mit der Kartoffelmasse vermischen, Eier zugeben, mit Salz, Pfeffer und etwas Muskat würzen und alles gut verrühren. Das Öl in eine Pfanne geben und erhitzen. Das Öl ist heiß genug, wenn sich an einem eingetauchten Holzlöffel Bläschen bilden. Aus der Masse kleine Puffer (etwa 8 cm Durchmesser) formen und goldbraun backen.
Für den Dip die saure Sahne mit dem Zitronensaft, dem Schnittlauch und Salz und Pfeffer verrühren; zu den Puffern servieren.

Tipp: Die Puffer passen auch gut zu Feldsalat.

Jürgen Edelmayer, Weyer

Die spanische Tortilla, ein dickes Gemüseomelett, wird hier mit grünem Spargel und pikanter Wurst abgewandelt.

Tortilla vom grünen Spargel

4 Portionen

400 g grüner Spargel
60 g Chorizo picante (ersatzweise Kabanossi oder Pfefferbeißer)
1 EL Olivenöl
5 Eier

Den Spargel bei Bedarf im unteren Drittel schälen, dicke Stangen der Länge nach halbieren und schräg in 3 cm lange Stücke schneiden. Chorizo pellen und in ½ cm große Würfel schneiden. Das Öl in einer beschichteten Pfanne (20 cm Ø) erhitzen, die Wurst darin bei mittlerer Hitze 2 Minuten braten. Den Spargel zugeben, 3 Minuten mitbraten und salzen.
Die Eier in einer Schüssel verrühren. Die Chorizo-Spargel-Mischung unter die Eier mischen und die Masse in eine mit Backpapier ausgelegte Auflaufform geben. Im vorgeheizten Backofen bei 200° C (Gas Stufe 3, Umluft nicht empfehlenswert) auf der mittleren Schiene ca. 20 Minuten stocken lassen. In Quadrate schneiden und aufgespießt auf Zahnstocher warm, lauwarm oder kalt servieren.

Tipp 1: Statt Spargel kann man auch Zucchini nehmen: Sie werden in fingerdicke, ca. 3 cm lange Stifte geschnitten.

Tipp 2: Wers fleischlos mag, ersetzt die Wurst entweder durch die gleiche Menge Spargel oder durch einen geräucherten Käse wie den italienischen Scamorza oder durch Räuchertofu.

Katja Mailahn, Fachwerk im Eulengarten, Vendersheim

Champignonköpfe, gefüllt mit gewürfeltem Speck, gehackten Walnüssen und geriebenem Käse und im Ofen überbacken.

Champignons gefüllt mit Speck und Walnüssen

4–6 Portionen

12 Champignons
Salz
3 EL Olivenöl
50 g gewürfelter Speck
1 kleine Zwiebel
40 g gehackte Walnüsse
50 g geriebener Gouda
etwas gehackte Petersilie

Die Champignons vom Stiel befreien, in eine Auflaufform legen, etwas salzen, mit Öl einpinseln und im Backofen bei 200° C (Gas Stufe 3, Umluft 180° C) etwa 10 Minuten erhitzen.
In der Zwischenzeit den gewürfelten Speck mit der gewürfelten Zwiebel in einer Pfanne anschwitzen. Die Nüsse, den Käse und die Petersilie dazugeben, verrühren und alles auf die Champignons verteilen; weitere 12 – 15 Minuten überbacken.

Tipp: Wers fleischlos mag, ersetzt den Speck durch Paprikawürfel.

Ruth Berges-Fischborn, Weingut Andreas Fischborn, Dexheim

Hauchdünner Flammkuchen wird mit einer Frischkäse-Crème-fraîche-Mischung bestrichen und mit grünem Spargel und gehackten Walnüssen bestreut.

Spargel-Flammkuchen mit Walnüssen

8 Stück

30 g Hefe
250 ml warmes Wasser
500 g Mehl
1 Prise Salz
24 Stangen grüner Spargel
6 rote Zwiebeln, ca. 250 g
200 g Walnusskerne
200 g Frischkäse
500 g Crème fraîche
Zucker
Meersalz, Pfeffer aus der Mühle
8 EL Walnussöl
Mehl zum Bearbeiten

Hefe in 250 ml lauwarmem Wasser zerbröseln und glatt rühren, mit Mehl und einer Prise Salz zu einem geschmeidigen Teig verkneten und diesen abgedeckt 30 Minuten ruhen lassen.
Den Spargel eventuell schälen, die unteren Enden abschneiden und die Stangen schräg in dünne Stücke schneiden. Zwiebeln pellen und in sehr feine Streifen oder Ringe schneiden. Walnüsse klein hacken, 2/3 davon mit dem Frischkäse und der Crème fraîche verrühren.
Den Backofen auf 250° C (Gas Stufe 4 – 5, Umluft 230° C) vorheizen. Den Teig in 8 Portionen teilen und auf einer bemehlten Arbeitsfläche sehr dünn ausrollen. Teigfladen auf ein mit Backpapier ausgelegtes Blech legen und gleichmäßig mit der Frischkäse-Nussmasse bestreichen. Spargelstücke und Zwiebeln darauf verteilen und mit ein wenig Zucker bestreuen. Die restlichen Walnüsse darüber streuen. Die Flammkuchen 12 – 15 Minuten backen. Mit Meersalz und Pfeffer würzen, mit etwas Öl beträufeln und sofort servieren.

Tipp: Sind die Spargelstangen sehr dick, diese vor dem Backen kurz in etwas Rapsöl anbraten.

Katja Mailahn, Fachwerk im Eulengarten, Vendersheim

Die Kohlrabischiffchen stechen beladen mit einer Creme aus Blauschimmelkäse und Schmand in See.

Kohlrabischiffchen

6 – 8 Portionen

3 Kohlrabi mit Blättern (600 g)
Gemüsebrühe
Salz
60 g kräftiger Blauschimmelkäse
60 g Schmand
Muskatnuss, gerieben
frisch gemahlener Pfeffer
Zitronensaft
Petersilie, fein gehackt

Kohlrabi längs halbieren und mit einem Kugelausstecher aushöhlen, sodass ein 1,5 cm dicker Rand stehen bleibt. Ausgehöhltes Fleisch anderweitig verwerten. Die Kohlrabiblätter waschen und trocken schleudern.
Kohlrabi in wenig Gemüsebrühe mit Salz 15 – 20 Minuten bissfest kochen und abkühlen lassen. Blauschimmelkäse zerdrücken und mit Schmand glatt rühren, mit Muskatnuss, Pfeffer und wenig Zitronensaft abschmecken – die Creme soll die Form behalten und nicht zu weich werden.
Käsemasse in die Kohlrabihälften füllen und diese in 3 – 4 Spalten schneiden, mit Petersilie bestreuen. In jedes Kohlrabischiffchen einen Zahnstocher oder Spieß hineinstecken und sie auf einem Kohlrabiblätter-Bett anrichten.

Liesel Schmitt, Weingut Axel Schmitt, Ober-Hilbersheim

Tapas

... mit Fisch

Auf die Pfannkuchen kommen eine Käsecreme und Räucherlachsscheiben.

Lachsröllchen

ca. 6–8 Portionen | gut vorzubereiten

Pfannkuchen:
2 Eier
250 ml Milch
125 g Mehl
¼ TL Kräutersalz

Käsecreme:
100 g Frischkäse, Doppelrahmstufe
1 TL Honig
1 TL Rieslingsenf
1–2 EL Dill, gehackt
Kräutersalz
Pfeffer

150 – 200 g Räucherlachs

Für die Pfannkuchen Eier und Milch mit einem Schneebesen verquirlen, das Mehl unterrühren, mit Kräutersalz würzen, ca. 30 Minuten ausquellen lassen. Anschließend dünne Pfannkuchen backen.
Für die Käsecreme den Frischkäse mit Honig, Senf und Dill verrühren, mit Salz und Pfefer abschmecken.
Die abgekühlten Pfannkuchen mit der Käsecreme bestreichen, den Lachs auf der Creme verteilen und die Pfannkuchen zusammenrollen. Fest in Klarsichtfolie wickeln und kühl stellen. Kurz vor dem Servieren aus der Folie auspacken, in ca. 1–1,5 cm breite Scheiben schneiden, eventuell auf Zahnstocher aufspießen.

Theresa und Ilke Erbeldinger, Bastianshauser Hof, Bechtheim

 ... mit Fisch

Zum Kräutersüppchen mit Kräutern der Frankfurter Grünen Soße wird eine Lachszigarre serviert. Dafür wird Lachsfarce im Frühlingsrollenteig frittiert.

Luftiges Kräutersüppchen mit Lachszigarre

6 Portionen

<u>für das Süppchen:</u>
150 g mehlig kochende Kartoffeln
3 Schalotten
2 Bund Frankfurter Grüne Soße-Kräuter (oder 1 Packung, wenn es sich um die große, weiße Papierpackung mit „Original Frankfurter Soße" handelt)
50 g Butter
Salz
600 ml Kalbsfond
600 ml Milch
Pfeffer
evtl. 1 Eigelb und 1 Prise Mehl
einige essbare Blüten und Kräuterspitzen zum Anrichten

Kartoffeln und Schalotten schälen und in Würfel schneiden. Die Kräuter zupfen, einige Spitzen zum Anrichten beiseite stellen.
Butter leicht bräunen, die Schalotten- und Kartoffelwürfel darin anschwitzen und salzen (vor der Zugabe der Milch, sonst gerinnt diese!). Kalbsfond und Milch dazugießen und ca. 6 – 8 Minuten leise köcheln lassen. Kräuter zufügen, 2 Minuten mitköcheln lassen. Die Suppe fein pürieren, danach durch ein Sieb passieren und mit Pfeffer abschmecken.
Ist die Suppe sehr dünn, wird sie mit einem Eigelb, das mit einer Prise Mehl vermischt wurde, gebunden; die Suppe darf aber dann nicht mehr kochen, sonst gerinnt das Ei.
Kurz vor dem Servieren aufschäumen und mit den restlichen Kräuterspitzen und den Blüten anrichten.

Das Rezept für die Lachszigarre steht auf Seite 82.

Lachszigarre

6 Portionen

300 g Lachsfilet
Cayennepfeffer
Salz
300 ml Schlagsahne
3 EL Limettensaft
6 Blätter Frühlingsrollenteig (24 × 24 cm, aus dem Asialaden)
2 Eiweiß
Öl zum Frittieren

Den Lachs 15 Minuten ins Gefrierfach legen und anschließend in 2 cm große Stücke schneiden. 200 g Fisch mit Salz, Cayennepfeffer und 100 ml Sahne im Mixer fein pürieren, die restliche Sahne zugeben und nochmals zu einer glatten Farce pürieren. Mit Salz und 1 Spritzer Limettensaft abschmecken. Die restlichen Lachswürfel nochmals halbieren und mit der Farce mischen, 15 Minuten kaltstellen.

Dann die Farce in 6 Portionen teilen. Jeweils eine Portion auf der unteren Seite eines Teigblattes verteilen, dabei 3 cm zum Rand frei lassen, die Teigränder mit Eiweiß bestreichen. Die beiden Längsseiten des Teigs über die Füllung schlagen und den neu entstandenen Rand mit verquirltem Eiweiß bestreichen. Teig und Füllung fest einrollen, dabei darauf achten, dass alles gut verschlossen ist. Restliche Farce und restliche Teigblätter ebenso verarbeiten.

Öl in einem hohen breiten Topf auf 170° C erhitzen. Frühlingsrollen in zwei Portionen darin unter Wenden 4–5 Minuten goldbraun frittieren, auf Küchenpapier abtropfen lassen und gleich servieren.

Katja Mailahn, Fachwerk im Eulengarten, Vendersheim

Forellenröllchen

16 Portionen

8 Scheiben Toastbrot (American-Sandwich)
60 g weiche Butter | 1 Paket frische Kresse
2 geräucherte Forellenfilets | 2 EL Crème
fraîche | 1 EL Zitronensaft, frisch gepresst
1 TL Senf, mittelscharf | Salz und Pfeffer

Von den Toastbrotscheiben die Rinde entfernen
und die Scheiben mit dem Wellholz ausrollen. Die
Butter mit der frischen Kresse mischen (etwas Kresse zurückbehalten) und die Brotscheiben damit bestreichen. Die Forellenfilets zerpflücken, mit Crème
fraîche, Zitronensaft, Senf, Salz und Pfeffer pürieren.
Die Forellencreme auf dem Toastbrot verteilen.
Dieses aufrollen und schräg durchschneiden, die
schrägen Schnittstellen mit Kresse bestreuen.

Marlene Jacobi-Ewerth, Mainz

Heringstatar
auf Pumpernickelscheiben

12 Portionen

12 Pumpernickelscheiben | Butter | 12 dünne
Gurkenscheiben | 1–2 Bismarck-Heringe
1 kleiner roter Apfel mit Schale | Schnitt-
lauchröllchen

Die Pumpernickelscheiben mit Butter bestreichen und mit den Gurkenscheiben belegen. Die
Bismarck-Heringe und den Apfel fein würfeln,
mit dem gehackten Schnittlauch vermischen
und auf die Pumpernickel-Gurkenscheiben
verteilen.

Anne Hamm, Weingut Hamm, Ingelheim

… mit Fisch

Die Lachsschnitten bestehen aus Toast und einer dicken Schicht Lachs-Frischkäsecreme. Die Thunfischcreme wird pikant ducrh Sardellen, Kapern und grünen Pfeffer.

Lachsschnitten

ca. 20 Stück | gut vorzubereiten

4 – 6 Scheiben Vollkorntoast
5 Blatt Gelatine
200 g geräucherter Lachs
200 g Frischkäse
250 g saure Sahne
1 EL Dill
weißer Pfeffer
Zitronensaft
20 g Forellenkaviar und/oder Dill

Eine viereckige Form dicht an dicht mit den Vollkorntoastscheiben auslegen. Die Gelatine in kaltem Wasser 5 Minuten einweichen. Den geräucherten Lachs zur Hälfte pürieren, zur Hälfte ganz fein schneiden. Den Frischkäse, die saure Sahne und den Dill mixen oder verrühren. Die eingeweichte Gelatine ausdrücken, heiß auflösen und kurz abkühlen lassen. Mit dem Lachs und der Frischkäsemischung verrühren. Die Lachscreme mit weißem Pfeffer und Zitronensaft abschmecken, auf dem ausgelegten Vollkorntoast verteilen und alles kalt stellen.
Dann in Würfel schneiden und mit Forellenkaviar oder Dillblättchen verzieren.

Anne Hamm, Weingut Hamm, Ingelheim

Thunfischcreme auf Pumpernickel

ca. 30 Stück | gut vorzubereiten

200 g Doppelrahmfrischkäse
150 g Thunfisch aus der Dose, abgetropft
3 Sardellen, klein geschnitten
5 Kapern, klein geschnitten
etwas grüner Pfeffer, zerstoßen
Salz
1 Rolle Pumpernickel, rund

Den Doppelrahmfrischkäse, den Thunfisch, die Sardellen und die Kapern pürieren und mit grünem Pfeffer und Salz abschmecken. Dann die Masse in einen Spritzbeutel füllen und auf die Pumpernickeltaler spritzen, mit grünem Pfeffer garnieren.

Anne Hamm, Weingut Hamm, Ingelheim

 *... mit Fisch*

Nehmen die ursprüngliche Bedeutung der Tapas als Deckel auf einem Glas wieder auf: Runde Weißbrotscheiben werden mit einer Kräuter-Frischkäsemischung bestrichen und von schmalen Räucherlachsscheiben, die zur Rose gedreht werden, getoppt.

Lachsrosen auf Sekt

12 Portionen

6 Scheiben Kastenweißbrot, etwa 0,5 cm dick geschnitten
60 g Doppelrahmfrischkäse
1 TL Schmand oder Crème fraîche
Dill, Schnittlauch, Petersilie, fein gehackt
Salz und Pfeffer
100 g geräucherter Lachs in Scheiben
12 Gläser Sekt extra trocken

Aus den Weißbrotscheiben mit einer runden Ausstechform jeweils zwei runde Böden ausstechen. Den Frischkäse, den Schmand oder die Crème fraîche, die Kräuter, Salz und Pfeffer miteinander verrühren und die Weißbrottaler mit der Mischung bestreichen. Die Lachsscheiben in ca. 1,5 cm breite Streifen schneiden, zu einer Rose drehen und auf die Taler verteilen. 12 Gläser Sekt einschenken und mit den auf den Glasrand gelegten Canapés servieren.

Anne Hamm, Weingut Hamm, Ingelheim

 ... mit Fisch

Tapas

... mit Brot & Co

Zwei gehaltvolle Crostini-Aufstriche: einmal mit gehackten Walnüssen, Balsamico-Essig und Butter und als Wildkräuterpesto.

Crostini mit Walnussbutter

ca. 20 Portionen | gut vorzubereiten

250 g Walnüsse
ca. 2 TL Balsamico-Essig
1 Knoblauchzehe, zerdrückt
kalte Butter
etwas Salz
ca. 20 geröstete Baguettescheiben

Die Nüsse in einer trockenen Pfanne kurz rösten bis sie duften, dann sehr fein hacken; die Konsistenz muss körnig bleiben. Mit Balsamico beträufeln und abkühlen lassen. Mit Knoblauch und so viel kalter Butter verrühren, dass eine streichfähige Masse entsteht, mit Salz abschmecken und auf die Crostini streichen.

Tipp: Die Walnussbutter ist gut vorzubereiten. Sie hält sich im Kühlschrank etwa eine Woche.

Liesel Schmitt, Weingut Axel Schmitt, Ober-Hilbersheim

Wildkräuter-Pesto auf Vollkorn-Baguette

ca. 20 Portionen | gut vorzubereiten

80 g Walnüsse
50 g geriebener Parmesan
1 Knoblauchzehe
200 ml Olivenöl
100 g frische Wildkräuter (z.B. Brennnessel, wilde Rauke, Vogelmiere, junge Scharbockskrautblätter)
Salz, Pfeffer
geröstete Vollkorn-Baguettescheiben

Nüsse, Käse und Knoblauch mit etwas Öl im Mixer zerkleinern, gewaschene und verlesene Kräuter und die Gewürze hinzufügen und pürieren, restliches Öl unterrühren. Auf geröstete Brotscheiben streichen.

Tipp: Das Wildkräuterpesto hält sich in einem Schraubglas und gekühlt einige Monate. Pesto nur mit einem sauberen Löffel entnehmen, den Rand des Glases wieder säubern und Olivenöl auf die Oberfläche geben.

Liesel Schmitt, Weingut Axel Schmitt, Ober-Hilbersheim

Haben das Zeug zum Lieblingsaufstrich zu werden: Die Zwiebelpaste schmeckt würzig und leicht süß-lich, die Bohnencreme besticht durch ihre Schärfe.

Zwiebelpaste

30 Portionen | gut vorzubereiten

120 g weiche Butter
1 kleiner Apfel
1 mittelgroße rote Zwiebel
30 g Walnüsse, fein gerieben
½ TL scharfer Senf
1 Messerspitze Chilipulver
etwas Salz
frisch gemahlener Pfeffer
Paprika, edelsüß

100 g Butter schaumig rühren. Apfel und Zwiebel klein schneiden, in der restlichen Butter andünsten und zusammen mit den Walnüssen pürieren.
Das Püree und die restlichen Zutaten mit der schaumig gerührten Butter vermischen und würzig abschmecken.
Die Zwiebelpaste schmeckt als Brotaufstrich oder auf Kräcker gespritzt.

Tipp: Hält sich im Kühlschrank eine Woche, lässt sich gut einfrieren.

Liesel Schmitt, Weingut Axel Schmitt,
Ober-Hilbersheim

Scharfe Bohnencreme

20 – 25 Portionen | gut vorzubereiten

100 g getrocknete weiße Bohnen
250 ml Gemüsebrühe
20 g Haselnüsse
100 g weiche Butter
2 EL Schmand
1 EL Olivenöl
2 Knoblauchzehen, sehr fein geschnitten
Saft einer ½ Zitrone
1 3 – 4 cm lange frische Peperoni, klein gewürfelt
1 – 2 TL frisches Bohnenkraut, gehackt
4 schwarze Oliven, klein geschnitten
frisch gemahlener Pfeffer, ca. ½ TL Salz
einige Oliven zum Garnieren
Gurken- oder Schwarzbrotscheiben

Bohnen über Nacht einweichen, in der Gemüse-brühe weich kochen, pürieren. Gemahlene Hasel-nüsse mit Butter, Schmand, Olivenöl, Knoblauch, Zitronensaft, Peperoni, Bohnenkraut, Oliven, Salz und Pfeffer unter das Bohnenmus rühren.
Die scharfe Bohnencreme schmeckt auf Gurken-scheiben oder auf Schwarzbrot: besonders schön mit Oliven garniert und in Rauten geschnitten.

Tipp: Hält sich im Kühlschrank eine Woche, lässt sich gut einfrieren.

Liesel Schmitt, Weingut Axel Schmitt,
Ober-Hilbersheim

Weinbrand und grüner Pfeffer würzen die feine Leberwurstcreme. – Die Grünkerncreme ist rein vegeta-risch, erinnert durch ihre Kräuter aber ein wenig an Hausmacher Leberwurst ...

Feine Leberwurstcreme

15 Portionen | gut vorzubereiten

300 g feine Leberwurst oder Kalbsleberwurst
100 g Crème fraîche
2 EL Weinbrand
2 EL eingelegter grüner Pfeffer, fein gehackt
15 runde Pumpernickelscheiben
Petersilie und Tomaten oder Paprika

Die Leberwurst, die Crème fraîche, den Weinbrand und den grünen Pfeffer zu einer glatten Masse verrühren und gefällig auf die Pumpernickelscheiben spritzen. Dann mit Petersilie und Tomaten oder Paprika garnieren.

Marlene Jacobi-Ewerth, Mainz

Grünkerncreme

20 Portionen | gut vorzubereiten

100 g Grünkern, mittelgrob geschrotet
200 ml Gemüsebrühe
2 – 3 Zwiebeln, Olivenöl
80 g Butter
3 EL frischer Majoran, gehackt
1 TL frisches Basilikum, klein geschnitten
1 EL Thymian, gerebelt
1 TL Koriander, im Mörser verrieben
Salz
frisch gemahlener Pfeffer

Grünkernschrot mit dem Schneebesen in die kochende Gemüsebrühe einrühren, aufkochen und ca. 15 Minuten ausquellen lassen.
Die Zwiebeln in Olivenöl andünsten.
Butter, Zwiebeln und alle Gewürze unter die Grünkernmasse ziehen. Pikant abschmecken.
Schmeckt ganz frisch auf saftigem Vollkorn- oder Sonnenblumenbrot am besten.

*Liesel Schmitt, Weingut Axel Schmitt,
Ober-Hilbersheim*

... mit Brot & Co

Die Deko mit einer Kapuzinerkressenblüte macht aus der Käsecreme mit vielen Gartenkräutern einen echten Hingucker.

Kräuter-Käsecreme

15–20 Portionen | gut vorzubereiten

250 g Quark, 20 %
1 Becher Crème fraîche oder Schmand
175 g Sahnefrischkäse
2 TL grober Senf
Salz
frisch gemahlener Pfeffer
½ TL Schabzigerklee
2 Handvoll frische Kräuter, z.B. Schnittlauch, Petersilie, Pimpernell, Zitronenmelisse, Sauerampfer, Borretsch, Kapuzinerkresseblätter, Vogelmiere, junge Gierschblätter
Vollkorntoast, Pumpernickel, Gurken- oder Tomatenscheiben
Kapuzinerkresseblüten

Quark, Schmand oder Crème fraîche, Frischkäse und Senf cremig rühren, Gewürze dazugeben, zum Schluss die gehackten Kräuter unterheben.
Auf Vollkorntoast oder Pumpernickel, Gurken- oder Tomatenscheiben oder auf Kräckern anrichten und mit je einer Kapuzinerkresseblüte dekorieren.

Tipp: Die Kräuter-Käsecreme hält sich gekühlt 2 – 23 Tage.

Liesel Schmitt, Weingut Axel Schmitt, Ober-Hilbersheim

Zwei ungewöhnliche Aufstriche, die durch ihre Wildkräuter und deren ungewöhnlichen Geschmack überraschen.

Pimpernell-Butter

ca. 25 – 30 Portionen | gut vorzubereiten

ca. 30 junge, feine Stängel Pimpernell
2 Knoblauchzehen
Salz
250 g weiche Butter
Pumpernickeltaler

Pimpernell waschen, trocknen, die Blättchen von den Stielen streifen (einige beiseite legen) und mit fein gehacktem Knoblauch, Salz und Butter schaumig rühren.
Auf Pumpernickeltaler streichen und mit einigen Pimpernellblättchen garnieren.

Tipp: Die Pimpernell-Butter ist 1 – 2 Wochen gekühlt haltbar.

Liesel Schmitt, Weingut Axel Schmitt, Ober-Hilbersheim

Gänseblümchencreme

8 Portionen | gut vorzubereiten

2 EL halbgeöffnete Gänseblümchenblüten
70 g Frischkäse
1 EL Schmand
1 TL Zitronensaft
1 Knoblauchzehe
½ TL flüssiger Honig
Salz
Vollkornbrot
einige schöne geöffnete Gänseblümchenblüten

Die halbgeöffneten Blüten vorsichtig waschen, trocknen und klein schneiden.
Frischkäse, Schmand und Zitronensaft schaumig rühren. Zerdrückten Knoblauch, zerschnittene Blüten und Honig zugeben und mit Salz abschmecken.
Auf geröstetes Vollkornbrot streichen und mit den zurückgelassenen Blüten dekorieren.
Gänseblümchen schmecken aromatisch und würzig, die halbgeöffneten Blüten nussartig.

Tipp: 3 – 4 Tage gekühlt haltbar.

Liesel Schmitt, Weingut Axel Schmitt, Ober-Hilbersheim

 ... mit Brot & Co

Tapas

... mit Zucker

Der klassische Quarknachtisch mit viel Zitronensaft und -schale, hier mit einem Weingelee serviert.

Quark-Dippche mit Gelee von der Scheurebe

ca. 12 Portionen | gut vorzubereiten

Dippche*:
2 Bio-Zitronen
8 Blatt weiße Gelatine
1 kg Magerquark
160 g Puderzucker
4 EL Orangenlikör
400 ml Schlagsahne

Weingelee:
3 Blatt weiße Gelatine
250 ml Scheurebe
50 g Zucker

zum Anrichten:
rotes Fruchtpüree (z. B. von Hagebutten, Holunder, Erd- oder Brombeeren)

Eine Zitrone fein abreiben, beide Zitronen auspressen; Gelatine in kaltem Wasser einweichen. Quark in einer Schüssel glatt rühren, Puderzucker, Zitronenschale und -saft zugeben.
Orangenlikör in einem kleinen Topf erwärmen, tropfnasse Gelatine darin bei milder Hitze auflösen. 5 EL Quarkmasse sorgfältig mit der Gelatine verrühren, dann alles zu der restlichen Quarkmasse geben und sofort kalt stellen.
Wenn die Quarkmasse anfängt zu stocken, die Sahne steif schlagen und mit dem Teigschaber vorsichtig unter die Quarkmasse heben, dann in ca. 100 ml fassende, kalt ausgespülte Sturzbecher füllen und mindestens 4 Stunden abgedeckt kalt stellen.
Für das Weingelee die Gelatine in kaltem Wasser einweichen, Wein und Zucker erwärmen, die ausgedrückte Gelatine darin auflösen, in einen flachen Behälter füllen und abgedeckt mindestens vier Stunden kalt stellen.
Die Mousse mit einem spitzen Messer von den Rändern lösen und vorsichtig auf Teller stürzen. Entweder mit etwas Fruchtpüree bestreichen oder mit dem Fruchtpüree ein schönes Muster auf den Teller zaubern. Das Weingelee mit einem Schneebesen krümelig rühren und auf den Tellern verteilen.

Katja Mailahn, Fachwerk im Eulengarten, Vendersheim

* mit Dippche wird auf Rheinhessisch ein Töpfchen bezeichnet

... mit Zucker

Diese Panna Cotta, deren Panna zur Hälfte aus Schmand besteht, wird mit Holunderblütensirup gekocht. Die Erdbeeren püriert man mit Holunderblütengelee.

Holunderblüten-Panna Cotta

4 – 6 Portionen | gut vorzubereiten

4 Blatt Gelatine
250 ml Sahne
250 ml Schmand
120 ml Holunderblütensirup
250 g Erdbeeren
3 EL Holunderblütengelee
2 Päckchen Vanillezucker
Holunderblüten oder gehackte Pistazien

Gelatine in kaltem Wasser einweichen. Die Sahne erhitzen, vom Herd nehmen, Schmand, Vanillezucker und Holunderblütensirup dazugeben, die ausgedrückte Gelatine gut darin verrühren. 4 Portionsschälchen (Tassen, Gläser o.ä.) mit kaltem Wasser ausspülen, die Masse darauf verteilen und über Nacht im Kühlschrank fest werden lassen.
Vor dem Servieren die Erdbeeren waschen, putzen und mit dem Holunderblütengelee pürieren. Auf vier Tellern verteilen, Panna Cotta auf die Teller stürzen. Wenn vorhanden mit Holunderblüten garnieren oder gehackte Pistazien darüberstreuen.

Katja Mailahn, Fachwerk im Eulengarten, Vendersheim

Eigentlich wäre schon die Zwetschen-Tarte für sich ein runder Nachtisch. Zusammen mit dem Zwetschensorbet (mit Rotwein und Trester!) ist sie Genuss pur.

Tarte Tatin von der Zwetsche mit Zwetschensorbet

2 runde Backbleche à ca. 8 Stücke

2 x 5 Platten TK-Blätterteig (à 75 g) oder 2 runde große Blätterteige (ca. 32 cm Ø, frisch)
ca. 2,5 kg reife Zwetschen | 300 g Zucker (je nach Säuregehalt des Obstes mehr oder weniger)
30 g Butter | Puderzucker zum Bestreuen

Für die Tarte den Blätterteig antauen lassen und auf eine leicht (!) bemehlte Arbeitsfläche legen. Je 5 Blätterteigplatten übereinanderlegen und zu je einer 3 – 4 mm dicken Platte von 30 cm Ø ausrollen. Die Zwetschen heiß waschen oder einzeln mit einem Tuch polieren, damit die weißliche Schicht, Duft-Film oder Wachs genannt, nicht mehr anhaftet. Dann die Früchte halbieren und den Stein herauslösen. In einem großen Topf oder in einer Pfanne Zucker hellbraun karamellisieren, Butter auf den Karamell geben und die Pflaumen leicht darin karamellisieren. Dann das Obst auf zwei runde Backbleche umfüllen, die Teigplatten auf die Pflaumen legen. Teig am inneren Rand des Bleches festdrücken und die Oberfläche mehrmals mit einer Gabel einstechen. Im vorgeheizten Ofen auf der zweiten Schiene von unten bei 200° C (Gas Stufe 3, Umluft 180° C) 15 – 17 Minuten backen.
Tarte aus dem Ofen nehmen und vorsichtig auf eine Platte stürzen, leicht mit Puderzucker bestäuben und warm servieren. – Ist die Tarte zu lange abgekühlt, die Bleche auf der Herdplatte bei mittlerer Hitze unter ständigem Kreisen erhitzen, damit sich Belag und Karamell anschließend gut lösen.

Tipp: Die Tarte schmeckt auch mit Mürbeteig (siehe Foto); Rezept s. Seite 111, Rhabarber-Tarte Tatin

Zwetschensorbet:
1 kg Zwetschen ohne Stein | 160 g Zucker | Saft einer halben Zitrone | 200 ml Rotwein (ohne Barrique- oder starke Holznoten) | 100 ml Trester

Alle Zutaten bis auf den Alkohol 20 Minuten leicht köcheln lassen. Wenn das Obst weich ist, den Topf vom Feuer nehmen, alles im Mixer oder mit dem Pürierstab fein zerkleinern und die Masse gut auskühlen lassen, dann den Alkohol dazugeben und mischen, in der Eismaschine gefrieren lassen. Achtung: Den Alkohol nur zugeben, wenn das Eis über Nacht gefrieren kann, da der Alkohol den Gefrierpunkt herabsetzt. Bei weniger Zeit: Trester dazu servieren oder darüber gießen.

Katja Mailahn, Fachwerk im Eulengarten, Vendersheim

... mit Zucker

Im Hefeteig der Kreppelchen stecken mit Trester vollgesogene Rosinen. Die Sabayon von der Scheurebe macht das Vegnügen komplett.

Trester-Kreppel mit Sabayon von der Scheurebe

ca. 20 – 25 Stück

100 g Rosinen | 80 ml Trester | 500 g Mehl | 250 ml Milch | 200 g Zucker | 1 Würfel frische Hefe (42 g) | 2 Eier | 75 g weiche Butter | Salz | Öl zum Frittieren | 1 EL gemahlener Zimt

Rosinen zugedeckt über Nacht in Trester einlegen. Wenn es schnell gehen muss, können die Rosinen auch einmal kurz im Trester aufgekocht werden.

Für den Vorteig das Mehl in eine große Schüssel sieben, in der Mitte eine Mulde formen. 125 ml Milch leicht erwärmen, 30 g Zucker und die Hefe darin auflösen. Hefemilch in die Mulde gießen, mit etwas Mehl bestäuben. Zugedeckt an einem warmen Ort eine Viertelstunde gehen lassen.

Für den Teig inzwischen die restliche Milch mit 70 g Zucker lauwarm erwärmen. Die Eier zugeben, verrühren und mit der Butter und einer Prise Salz zum Vorteig geben. Mit den Knethaken des Handrührers zu einem glatten Teig kneten, gern auch noch mal ein paar Minuten mit den Händen kneten und danach zugedeckt 3 – 4 Stunden ruhen lassen.

Rosinen mit dem Trester unter den Teig kneten. Öl auf 160° C erhitzen. Zwei Esslöffel ins heiße Fett tauchen und damit vom Kreppelteig walnussgroße Nocken abstechen. Im Fett unter gelegentlichem Wenden goldbraun ausbacken; das dauert ca. 3 Minuten von jeder Seite. Restlichen Zucker mit Zimt mischen und die noch heißen Kreppel darin wenden. Sofort servieren.

Sabayon von der Scheurebe:
1/8 l süße Scheurebe | 2 Eigelb | 30 g Puderzucker

Für die Sabayon die Eigelb mit dem Wein und dem Puderzucker im Wasserbad schaumig schlagen.

Katja Mailahn, Fachwerk im Eulengarten, Vendersheim

... *mit Zucker*

Für den Pudding nimmt man statt Milch Silvaner und füllt damit die kleinen Kreppel.

Kreppel gefüllt mit Silvanercreme

ca. 10–15 Stück

Kreppel:
150 ml Milch
20 g Hefe
30 g Zucker
300 g Mehl
2 kleine Eier oder 1 großes Ei
40 g Butter
1 gute Prise Salz
750 g Butterschmalz
Mehl zum Bearbeiten, Zucker zum Bestreuen

Creme:
500 ml Silvaner
2 Eier
3 EL Zucker
1 Päckchen Vanillezucker
2 EL heißes Wasser
1 Päckchen Vanille-Puddingpulver
1 gestrichener EL Speisestärke

Für die Kreppel Hefe in die lauwarme Milch bröckeln, mit dem Zucker verrühren und kurz gehen lassen. Dann mit Mehl und Eiern in der Küchenmaschine zu einem Teig verkneten, zerlassene Butter langsam dazugeben und mindestens 5 Minuten auf höchster Stufe durchkneten, zum Schluss das Salz zugeben. An einem warmen Ort zugedeckt 15 Minuten gehen lassen. Auf der bemehlten Arbeitsfläche ca. 7 mm dick ausrollen. Mit einem Glas (5 cm Durchmesser) ca. 20 Kreppel ausstechen und nochmals 10 Minuten ruhen lassen. Im heißen Butterschmalz beidseitig goldbraun ausbacken, auf einem Gitter abtropfen lassen und anschließend in Zucker wälzen.

Für die Creme den Silvaner zum Kochen bringen. Eier trennen, Eigelb mit Zucker schaumig schlagen, 2 EL heißes Wasser unterrühren und mit dem Puddingpulver und der Speisestärke schaumig schlagen. Eigelbmasse in den Silvaner geben und unter Rühren aufkochen lassen. Topf vom Herd nehmen und immer wieder rühren, bis die Masse erkaltet ist. Eiweiß zu Schnee schlagen und unter die Eigelbmasse rühren, eine Stunde in den Kühlschrank stellen.

Die Creme mit einem Spritzbeutel und langer dünner Tülle in die Kreppel spritzen.

Tipp: Die Weincreme vor den Kreppeln zubereiten.

Wolfgang Fenzl, Ober-Olm

... mit Zucker

Der Boden besteht aus weißer Schokolade, Cornflakes und Mandelblättchen. Obendrauf kommen Schlagsahne und Beeren.

Weiße Schokotaler mit Beeren

25 Portionen

250 g weiße Kuvertüre
100 g Cornflakes
100 g Mandelblätter
400 ml Schlagsahne
2 TL Zucker
1 ½ Päckchen Sahnesteif
500 – 750 g Beerenobst, z.B Johannisbeeren, Brombeeren, Himbeeren, Erdbeeren

Die Kuvertüre schmelzen, die Cornflakes und die Mandelblätter unterheben, die Masse auf einem mit Backpapier ausgelegten Backblech gleichmäßig verstreichen. Die Schokotaler mit einem runden Backförmchen (Durchmesser ca. 7 cm) ausstechen. Mit einem Löffel gut andrücken und erkalten lassen.
Die Sahne mit Sahnesteif und Zucker steif schlagen und mit 2 Teelöffeln oder einem Spritzbeutel auf den Schokoladentalern verteilen.
Das Beerenobst waschen, trocken tupfen und auf die Sahne setzen.

Tipp: Die Schokotaler können vorbereitet und in einer Blechdose aufbewahrt werden.

Anne Hamm, Weingut Hamm, Ingelheim

Raffinierte Bodenständigkeit: Anders als der klassische Bellini, der mit dem Püree von weißen Pfirsichen gemischt wird, besteht der Fruchtanteil der rheinhessischen Variante aus Rhabarber.

Rheinhessischer Rhabarber-Bellini (Rhabarber-Cocktail)

10 Gläser

2 kg junge, rote Rhabarberstangen
Rhabarberblättchen oder -enden oder kandierte Rhabarberfäden zur Garnitur (Rezept siehe Seite 112)
Schale einer unbehandelten Zitrone
100 g brauner Zucker
¼ l Wasser
Secco (Perlwein) oder Sekt

Rhabarber waschen und in kleine Stücke schneiden. Er muss dafür nicht geputzt werden, da die gesamte Rhabarbermasse später durch ein Tuch passiert wird und die Farbstoffe in der roten Schale für die leicht rötliche Färbung des Sirups wichtig sind. Den Zucker in einem großen Topf langsam karamellisieren lassen, mit Wasser vorsichtig ablöschen und aufkochen.
Rhabarber und Zitronenschale zugeben. Bei milder Hitze und gelegentlichem Rühren 40 Minuten lang im geschlossen Topf kochen.
Ein Sieb mit einem feuchten Mulltuch auslegen, den Sud durchgießen, kalt stellen.
Den Rhabarbersud auf 10 hohe Gläser verteilen, mit Secco oder Sekt aufgießen und mit Rhabarberstangen, -blättchen oder kandierten -fäden garnieren.

Tipp: Den Sirup kann man auch auf Vorrat kochen und in Eiswürfelportionen einfrieren. Bei Bedarf je zwei Sirupwürfel in ein Sektglas geben und mit Sekt aufgießen.

Katja Mailahn, Fachwerk im Eulengarten, Vendersheim

... mit Zucker

Auch hier, wie schon bei der Zwetschen-Tarte auf S. 102, wäre die Rhabarber-Tarte oder die Erdbeer-Gazpacho ein Dessert vom Feinsten – zusammen sind sie das reinste Glück.

Rhabarber-Tarte Tatin mit Erdbeer-Gazpacho

12–14 Portionen

Erdbeer-Gazpacho:
1 kg Erdbeeren | 250 ml Mineralwasser | Olivenöl zum Frittieren | 2 Zweige Rosmarin | 2 Zweige Thymian | 4 EL Zucker | 2 Limetten | 1 Spritzer Chiliöl | etwas Secco oder Rieslingsekt | 100 ml griechischer Joghurt | 100 ml geschlagene Sahne | 2 TL Zucker | Abrieb von ½ Limette

100 g Erdbeeren in feine Würfel schneiden. Die restlichen Erdbeeren mit einem Teil des Mineralwassers mixen.
Die Kräuter in Olivenöl frittieren, dann die Zweige entfernen.
Einige Rosmarinnadeln beiseite stellen. Den restlichen Rosmarin sowie die Thymianblätter zusammen mit dem Zucker zum Erdbeerpüree geben und fein mixen. Mit Limettensaft und Chiliöl abschmecken und vor dem Servieren mit dem Sekt und dem restlichen Mineralwasser aufsprudeln.
Joghurt mit Sahne, Zucker und Limettenabrieb glatt rühren. Erdbeerwürfel in Gläser füllen und mit Joghurt abdecken. Die aufgesprudelte Erdbeer-Gazpacho aufgießen und mit frittiertem Rosmarin garnieren.

Rhabarber-Tarte Tatin
Teig:
120 g kalte Butter in kleinen Stücken | 50 g Zucker | Salz | 200 g Mehl, Mehl zum Bearbeiten 200 g Crème fraîche | Holunderblütensirup
Belag:
500 g Rhabarber, rotstielig | 150 g Zucker | 30 g Butter

Für die Tarte Butter, Zucker und 1 Prise Salz in eine Schüssel geben. Mit Knethaken vermischen, dann Mehl und 2–3 EL eiskaltes Wasser zugeben. Zuerst mit den Knethaken, dann mit den Händen schnell zu einem glatten Teig verkneten. Zwischen zwei Lagen Backpapier schon einmal grob in eine rechteckige Form rollen. Zwischen den beiden Lagen im Kühlschrank eine Stunde kalt stellen.
Für den Belag den Rhabarber putzen und in ca. 4 cm lange Stücke schneiden.

... mit Zucker

Für den Karamell den Zucker in einer Pfanne oder in einem Topf mit dickem Boden ohne Rühren erhitzen. Die Butter dazugeben und unter Rühren zergehen lassen. Karamell in eine ofenfeste, rechteckige Form gießen und sofort gleichmäßig verstreichen.

Rhabarber akkurat nebeneinander in Reihen und in mehreren Schichten auf den Karamell legen. Den Mürbeteig zwischen den Backpapier-Blättern rechteckig ausrollen, über den Rhabarber legen und an den Rändern in die Form drücken. Teig mehrfach mit einer Gabel einstechen. Tarte im vorgeheizten Backofen bei 200° C (Gas Stufe 3, Umluft 180° C) auf der mittleren Schiene 30 – 35 Minuten backen. Wenige Minuten ruhen lassen, dann vorsichtig auf eine Platte stürzen. Kühlt der Kuchen zu lange aus, wird der Karamell hart und löst sich nicht mehr aus der Form!

Holundercreme:
Einen Becher Crème fraîche mit einem Schuss Holunderblütensirup in der Küchenmaschine verrühren und zur Tarte servieren.

Kandierte Rhabarber-Fäden:
Für den Rhabarberkandis Fäden vom Rhabarber ziehen und in Läuterzucker* aufkochen. Fäden aus dem Läuterzucker nehmen, auf ein mit Backpapier ausgelegtes Blech legen und bei Umluft 60° C 30 – 40 Minuten trocknen lassen. Dann auf dem Backpapier beiseite stellen.

*Läuterzucker: Dafür kocht man Zucker und Wasser im Verhältnis 1 : 1 auf; hält sehr lange.

Katja Mailahn, Fachwerk im Eulengarten, Vendersheim

 ... mit Zucker

Ganz in Weiß: Sahne-Biskuit-Kugeln werden in Kokosflocken gerollt.

Schneebälle

ca. 20 Stück

7 Eier
1 Prise Salz
2 Päckchen Vanillezucker
200 g Mehl
230 g Zucker
½ TL Backpulver
400 ml Sahne
250 g Magerquark
150 g Crème fraîche
100 ml Amarettolikör
100 g Kokosflocken

Aus Eiern, Salz, 1 Päckchen Vanillezucker, Mehl, 180 g Zucker und Backpulver einen Biskuitteig herstellen und auf ein mit Backpapier ausgelegtes Blech streichen. Bei 175° C (Gas Stufe 2–3, Umluft 150° C) 20–25 Minuten backen, dann stürzen, das Papier abziehen und den Biskuit abkühlen lassen.
Die Sahne steif schlagen. Den Magerquark, die Crème fraîche, den restlichen Zucker und Vanillezucker zusammen mit dem Amarettolikör zu einer glatten Masse verrühren und die Sahne unterziehen.
Den Biskuit in Stücke zupfen und vorsichtig unter die Masse heben. Das Ganze über Nacht kalt stellen. Dann aus der Sahne-Biskuit-Mischung mit feuchten Händen ca. 20 Kugeln formen und in den Kokosflocken wälzen, auf einer Glasplatte anrichten.

Anne Hamm, Weingut Hamm, Ingelheim

... mit Zucker